授業で使える 青年心理学 ワークブック

青年期の心理をより深く理解するために

安立 奈歩・河野 伸子・大谷 真弓 著

北樹出版

はじめに　～　このテキストの趣旨　～

　このテキストは、既刊書である『授業で使える心理学ワークブック』で学ぶ内容のうち、思春期・青年期の心理をより深く理解するために作成されました。青年心理学には、青年自身が自己理解を深めたり見通しを得たりする目的と、青年にかかわる親・教員などに青年理解の枠組みを提供する目的とがあります。そのためにはリアリティを失わない生き生きとした青年像を青年自身の立場から出発して捉えることが大切です。また他方では、青年だけに通用する言葉ではなく、青年にかかわる人たちにも伝わる言葉での説明が必要になります。

　授業では音楽や映画なども用いて青年期の心理を説明していますが、まさに現代の青年のリアリティを失わないよう、学生のレポートで挙がってきた題材も盛り込みながら、テキストを作成しました。10代後半から20代前半はちょうど青年期に位置し、自分のものの見方を作り上げる時期です。青年期に関する見方を知ることで、「**そのような視点からみたら自分はどうみえるだろう？**」という考え方をして欲しいと思います。さらには、青年の立場から出発するために、「**どのような視点があれば自分を説明しやすいだろう？**」と、**青年心理学を作り上げる意識**で臨んで欲しいと思います。

　そうやって考えるうちに、**自分のものの見方の傾向が、青年期という特徴から理解できることもある**ことを知り、**自分のものの見方の位置づけ**がつかめるでしょう。その上で、おのおの**自分のものの見方を固めていって欲しいと思います。またこれと同時に、同年代の仲間だけでなく、世代の違う人たちの青年時代のものの見方**についても知ることができるでしょう。同年代の仲間や世代の違う人たちの青年時代のものの見方を知ることによって、**想像力や共感能力**を高め、日常生活などあらゆる面において役立ててもらいたいと思います。

　青年心理学は、私たちの生活や他領域の学問にも生かすことができます。このテキストは、この趣旨に基づいて、大学生や専門学校生が教養の心理学を学ぶための実践型の基本書として作成されました。講義で使用しているレジュメが土台になっているため口語調でわかりやすく、図がたくさん盛り込まれているため視覚的にも楽しいものとなっています。また、用語を穴埋めしながら進めるため、講義の中で自主的な作業ができるのも大きな特徴です。自分を知ることは他者を知ること、ひいては社会の中での自分の位置づけをみつけることにもつながるでしょう。近年増えている児童虐待の問題や、発達障害、ひきこもりなど、若者の対人関係の質や育児のあり方については、理論からさらに考えていく必要があります。青年自身に自分なりの答えを見つけ出してほしいため、問いの投げかけを盛り込みました。講義内容を、それぞれの人が自分に役立つ方法で吸収していってほしいと思います。

目　次

はじめに……………………………………………………………3

第1章　思春期・青年期とは……………………………………… 8

第2章　思春期の入り口としての前青年期……………………… 15

第3章　思春期における心身の変化……………………………… 24

第4章　友人関係の発達的変化…………………………………… 38

第5章　親子関係の発達的変化…………………………………… 52

第6章　アイデンティティの形成………………………………… 63

第7章　恋愛における関係性の発達……………………………… 79

第8章　思春期・青年期における心の病………………………… 98

第9章　職業選択と就労をめぐる問題…………………………… 112

おわりに……………………………………………………………123

授業で使える青年心理学ワークブック

第1章 思春期・青年期とは

【学びのポイント】　思春期・青年期は社会の変化を反映する鏡であり、ここ何十年だけをみても揺れ動いている。しかし、思春期・青年期が人生の一段階となったのは比較的新しい話である。今を生きる若者が、大きな歴史の中の一部を生きていることを理解してほしい。

＊　自分が子どもだと感じるのはどんな時？　大人になったと感じるのはどんな時？

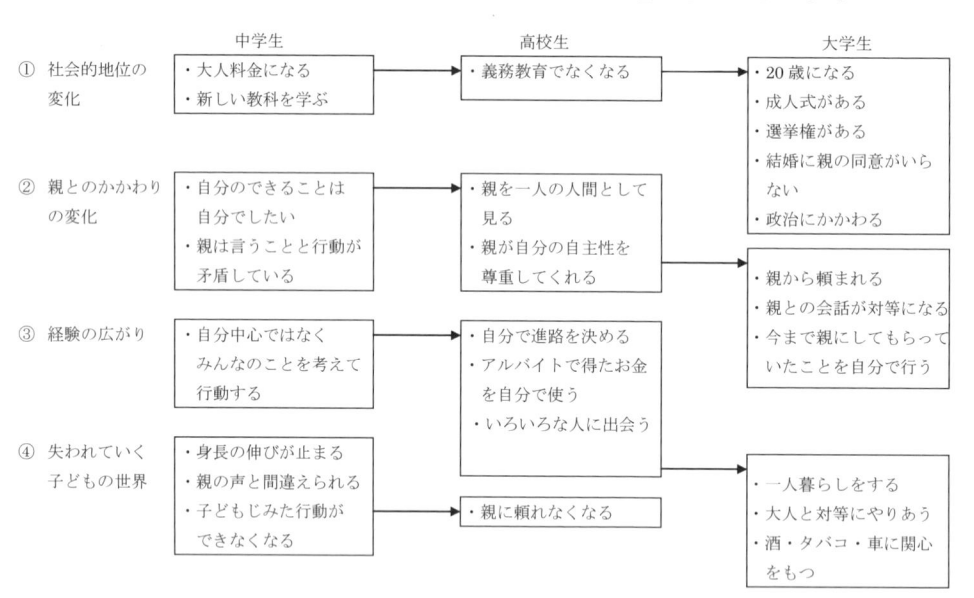

	中学生	高校生	大学生
① 社会的地位の変化	・大人料金になる ・新しい教科を学ぶ	・義務教育でなくなる	・20歳になる ・成人式がある ・選挙権がある ・結婚に親の同意がいらない ・政治にかかわる
② 親とのかかわりの変化	・自分のできることは自分でしたい ・親は言うことと行動が矛盾している	・親を一人の人間として見る ・親が自分の自主性を尊重してくれる	・親から頼まれる ・親との会話が対等になる ・今まで親にしてもらっていたことを自分で行う
③ 経験の広がり	・自分中心ではなくみんなのことを考えて行動する	・自分で進路を決める ・アルバイトで得たお金を自分で使う ・いろいろな人に出会う	
④ 失われていく子どもの世界	・身長の伸びが止まる ・親の声と間違えられる ・子どもじみた行動ができなくなる	・親に頼れなくなる	・一人暮らしをする ・大人と対等にやりあう ・酒・タバコ・車に関心をもつ

図1-1　大学生が報告した「子どもでなくなったきっかけ」と「大人になったきっかけ」

（白井，2006より作成）

◆ 歌にみる青年の現実

時代によって変化した部分、変わらない部分は？
あなたにとって心に響く歌とはどんな歌だろうか？

落書きの教科書と外ばかり見てる俺
超高層ビルの上の空　届かない夢を見てる
やりばのない気持の扉破りたい
校舎の裏　煙草をふかして見つかれば逃げ場もない
しゃがんでかたまり　背を向けながら
心のひとつも分かり合えない大人達をにらむ
そして仲間達は今夜家出の計画をたてる
とにかくもう　学校や家には帰りたくない
自分の存在が何なのかさえ　解らず震えている
15の夜――――
　　盗んだバイクで走り出す　行き先も解らぬまま
　　暗い夜の帳りの中へ
　　誰にも縛られたくないと　逃げ込んだこの夜に
　　自由になれた気がした　15の夜

冷たい風　冷えた躰　人恋しくて
夢見てるあの娘の家の横を
サヨナラつぶやき走り抜ける
闇の中　ぽつんと光る　自動販売機
100円玉で買えるぬくもり　熱い缶コーヒー握りしめ
恋の結末も解らないけど
あの娘と俺は将来さえ　ずっと夢に見てる
大人達は心を捨てろ捨てろと言うが
俺はいやなのさ
退屈な授業が俺達の全てだというならば
なんてちっぽけで　なんて意味のない
なんて無力な
15の夜――――
　　盗んだバイクで走り出す　行き先も解らぬまま
　　暗い夜の帳りの中へ
　　覚えたての煙草をふかし　星空を見つめながら
　　自由を求め続けた　15の夜

　　盗んだバイクで走り出す　行き先も解らぬまま
　　暗い夜の帳りの中へ
　　誰にも縛られたくないと　逃げ込んだこの夜に
　　自由になれた気がした　15の夜

尾崎豊　15の夜

とどまる事を知らない時間の中で
いくつもの移りゆく街並を眺めていた
幼な過ぎて消えた帰らぬ夢の面影を
すれ違う少年に重ねたりして

無邪気に人を裏切れる程
何もかもを欲しがっていた
分かり合えた友の愛した女でさえも

償う事さえ出来ずに今日も傷みを抱き
夢中で駆け抜けるけれども
まだ明日は見えず
勝利も敗北もないまま孤独なレースは続いてく

人は悲しいぐらい忘れてゆく生きもの
愛される喜びも　寂しい過去も

今より前に進む為には
争いを避けて通れない
そんな風にして世界は今日も回り続けている

果てしない闇の向こうに
　oh oh　手を伸ばそう
誰かの為に　生きてみても
　oh oh　Tomorrow never knows
心のまま僕はゆくのさ
誰も知る事のない明日へ

優しさだけじゃ生きられない
別れを選んだ人もいる
再び僕らは出会うだろう
この長い旅路のどこかで

果てしない闇の向こうに
　oh oh　手を伸ばそう
癒える事ない傷みなら　いっそ引き連れて
少しぐらいはみだしたっていいさ
　oh oh　夢を描こう
誰かの為に生きてみたって
　oh oh　Tomorrow never knows
心のまま僕はゆくのさ
誰も知る事のない明日へ

Mr.Children　Tomorrow never knows

人混みの中ひとりきり「寂しい」と呟く 誰も気付かない　誰も気にしない　誰もいない 私はひとり　いつもひとり　ずっとひとりで 歩いて行くのかな　とても苦しいのに どうして私はここにいるの　baby どうして私は生きているの…ツライ ねぇ　誰か助けて ねぇ　どうしたらいいの もうわからないよ私が生まれたその意味を ねぇ　私に気付いて ねぇ　この世界で一人だけでいい ただあなただけ 期待はずれの人生　理想とはほど遠い 私の行く道　その行方未知　ひとり歩けない 大人になったの　怖くなるの　泣きたくもなるよ すべてわかってるの　だからこんなにも虚しいのだ けど 会いたい人にはきっと会えない　ひとつになれない この思いもあなたに届かない　ああ	ねぇ　誰か助けて ねぇ　どうしたらいいの もうわからないよ私が生まれたその意味を ねぇ　私に気付いて ねぇ　この世界で一人だけでいい ただあなただけ この悲しい My life 何求め　何期待したらいいの 私はここだよ ひとり　　CRY なぜ悲しみがあるの なぜ喜びがあるの なぜ不安になるの ねぇなぜ生きてるの 人は一人きりでは生きてはいけないんだ だから私をお願いだからひとりにしないで ねぇどうか私を必要としてよ　私を愛してよ この涙が乾くころにはきっと朝がまたくるから 私は生きてるよ 生きてるよ…

加藤ミリヤ　20-CRY-

1）昨今の時代的変化

ⅰ）1980年代

家庭・学校中心の生活へ。　[1]　が日常生活に浸透し、互いに傷つかないように距離をとる傾向へ。⇔管理社会への抵抗。

ⅱ）1990年代

バブル崩壊による就職率低下。　[2]　が物・お金に媒介される傾向へ。生きる実感、人とつながる実感が薄まった。「非日常の世界」へ癒しを求める人が増えた。

ⅲ）2000年代

不平等な競争による　[3]　の拡大。　[4]　が強調される時代。
「自分を大切にしたい」と願いつつ、「将来、なりたくない自分イメージはわかるけど、何をしたいかわからない」。

2）青年期の区分

10歳、14歳、17歳は、思春期・青年期に起こりがちな心の病に質的な変化がみられる時期

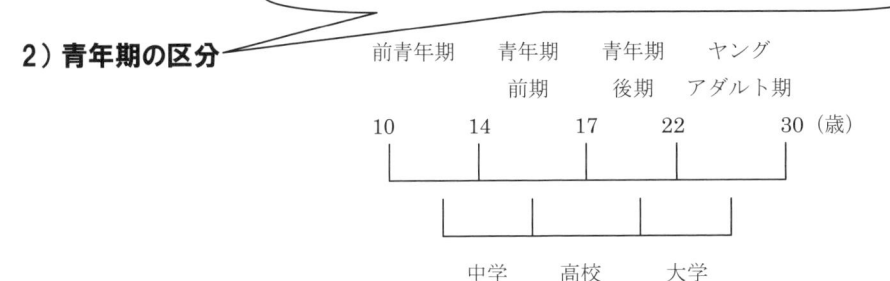

```
       前青年期  青年期   青年期   ヤング
              前期    後期    アダルト期
       10    14    17    22    30（歳）
              中学   高校    大学
```

図 1-2　日本における青年期の区分
（白井,2006, 笠原,1976 を一部修正して作成）

子どもではないが大人でもない境界人（marginal man）（レヴィン，1979）

- 10歳：抽象的思考を獲得する時期
- 14歳：身体の著しい変化、身体との新たな出会い
  　　　親密な人間関係における自律
- 17歳：社会との妥協点の模索
- 30歳：いちおうの区切り

　　　　　　　　　→　くわしくは各年齢段階に関連する章で

3）青年期危機説　と　青年期平穏説

あなたの青年期はどちら？

＊青年期　[5]　説

　青年期は疾風怒濤の時代。自分は何を目指すのか、どんな人間になりたいのか、何ができるのか。人間関係、自己像、将来像、能力の限界、無限の可能性などに葛藤し、自分の道をみつけていこうとする。
　新しい自分の発見、自我の発見、などが起こり、飛躍と破局両方の可能性を秘めている時期。自分が崩れそうな危機感をもつ。

＊青年期　[6]　説

　何となく、または、周囲に勧められて道を進み、ふと気づけば今ここにいた。
　青年期は、言われているほど「危機的」ではないのでは？安定して過ごしている。

4）思春期・青年期の誕生
ⅰ）思春期・青年期が存在しなかった時代

＊現在は「人生80年の時代」　→　では、昔は？

- 産業が発展する18世紀まで、人間は短命。（表1-1）
- 食料は十分でなく生きることで精一杯。働かない人を養う余裕はない。
- 子どもは ┃ 7 ┃ （アリエス，1980）。「働かざるもの食うべからず」。
  家庭で労働力になるか、奉公に出るか。職業選択の余地がない。

表1-1　人間の寿命

日本	縄文時代の日本人	出生時余命・・・14.6歳 15歳児余命・・・16.1年（男）　16.3年（女） 乳幼児死亡率は著しく高かった
	弥生時代の日本人	出生時余命・・・15歳 15歳児余命・・・30年前後 ＊農耕化により乳幼児死亡率は改善されなかったが、成人死亡率は改善された
	1600年頃	よくてもせいぜい30歳程度
	1947年	50.1歳（男）　54.0歳（女） ＊初めて50台に乗った
工業化以前の西欧	1690年代	32.0歳（イギリス）、27.5歳（ドイツ） ＊乳幼児死亡率は著しく高かった ＊戦争、飢饉、自然災害などにも左右された
	18世紀初頭のイギリス貴族	45.8歳（男）、48.2歳（女） ＊栄養がよい貴族は庶民より長寿
	1671～1700年 シャラン村（フランス）	死亡率　生後1ヵ月以内　18% 　　　　生後1年以内　　35% 　　　　20歳までに　　53%
	1830年代英聖職者層の死亡率	20歳までに約3/4

（ギリス、1981、鬼頭、2000より作成）

ⅱ）学校教育と思春期・青年期の誕生

1947年　学制改革（6歳から15歳までの義務教育化）による長期教育

→　教育期間の長期化　→　親への長期間の ┃ 8 ┃ →　「思春期・青年期」の誕生

5） ┃ 9 ┃ （イニシエーション）の形骸化

通過儀礼（イニシエーション）とは？

　未開社会で、ある段階から別の段階へ移行する時に移行を可能にするための儀式。通過儀礼を通じて新しい自分となると考えられた。古代においてはたとえば、割礼、抜歯、刺青などのよう

に、苦痛を伴うことが多かった。

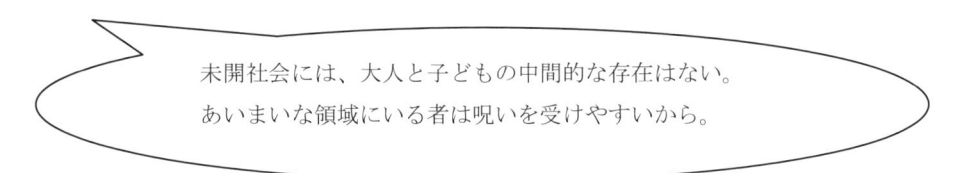

> 未開社会には、大人と子どもの中間的な存在はない。
> あいまいな領域にいる者は呪いを受けやすいから。

古代社会のイニシエーション

　子どもは、通過儀礼を通じて、出来上がった世界に参入し大人へと移行した。

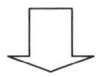

⇩

近代社会のイニシエーション

　社会自体がA→B→Cと進歩していくため、子どもaは、社会Aに入っただけでは社会Bから取り残されてしまう。

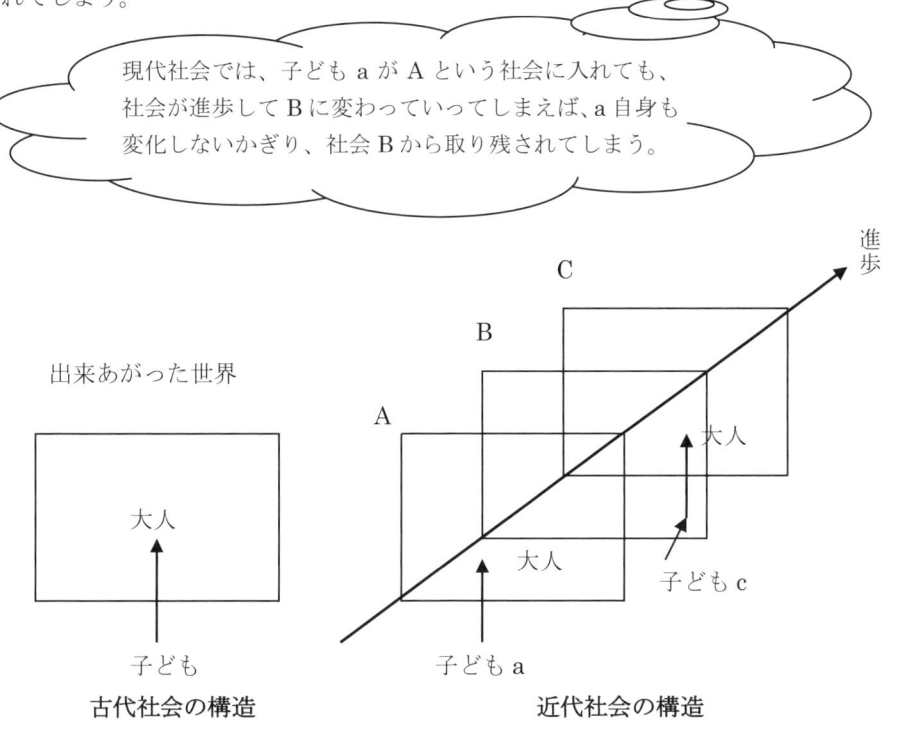

> 現代社会では、子どもaがAという社会に入れても、
> 社会が進歩してBに変わっていってしまえば、a自身も
> 変化しないかぎり、社会Bから取り残されてしまう。

図1-3　古代社会の構造と近代社会の構造（河合, 1996　より作成）

◆**成人式の役割とは？**

宗教学者エリアーデによると・・・

①部族の聖所を用意、②母から引き離す、③聖所で「教育」、④「試練」を与える。

⇩　　日本の成人式は？　お酒を飲んで暴れる、話を聞かない…など。
　　　青年にとってのイニシエーションの役割を果たしていない。

日本では、青年のイニシエーションはどこでやっているの？

現代においては、七五三、成人式、結婚等がそれにあたる。受験、卒業研究も通過儀礼？

≪引用文献≫

　アリエス著　杉山光信・杉山恵美子訳（1980）：＜子ども＞の誕生-アンシァン・レジーム期の子供と家庭生活．みすず書房

　エリアーデ著　堀一郎訳（1971）：死と再生．東京大学出版会．

　ギリス著（1981）　北本正章訳（1985）：＜若者＞の社会史．新曜社．

　岩宮恵子（2001）：思春期のイニシエーション．河合隼雄編　心理療法とイニシエーション　岩波書店，105-150．

　笠原嘉（1976）：今日の青年期精神病理像．笠原嘉・清水将之・伊藤克彦編　青年の精神病理1　弘文堂，3-27．

　河合隼雄（1996）：おとなになることのむずかしさ　青年期の問題　新装版．岩波書店．

　鬼頭宏（2000）：人口からよむ日本の歴史．講談社学術文庫．

　レヴィン，K．著　猪俣佐登留訳（1979）：社会科学における場の理論　増補版．誠信書房．

　白井利明編（2006）：よくわかる青年心理学．ミネルヴァ書房．

　尾崎豊　15の夜
　Mr.Children　Tomorrow never knows
　加藤ミリヤ　20-CRY-
　以上3曲【JASRAC出 1214671－201】

第2章 思春期の入り口としての前青年期

【学びのポイント】 いわゆる思春期は第二次性徴から始まると言われるが、その前段階である10歳前後に質的な変化が訪れるとも言われている。思春期の入り口で、想像以上に深いテーマを生きている可能性があることを学び、自分の10歳前後について振り返ってみよう。

1）10歳は本当に落ち着いた年齢か

児童期　フロイトの**潜伏期**にあたる。

　　　？　潜伏期って？

内的な衝動に比べて自我が強い。

幼児期にみられた　　　　1　　　　　は収まり、心は落ち着いている。

同性の親に対する敵意はこの時期、**抑圧**されている。

フロイトはこう考えたけれど・・・（表2-1）

　人間は、何かの終わりに直面した時は内省的になる。終わりがあるから経験に意味が生じる。たとえば、学生時代もそう。親友との別れ、先輩との別れ、恩師との別れ、など。
　潜伏期の終わりは、子ども時代の終わり。そこで子どもなりのやり方で経験の意味を考えようとするのである。

2）安定した児童期とみた場合の特徴

小学校低学年
・頼りにするのは、**父母**
・友達を**外見**や**行動**で判断。
・**具体的**な事柄からの思考

→

小学校高学年
・親よりも**友人**が大切。
・**内面的**な付き合いの始まり。
・**抽象的**な概念、**論理的思考**

→ 社会化 / 自主性 自律した態度

◆ 2 　　　　・・・「自分は本当は、他の両親の子どもだ」と空想する。両親への**攻撃性**をうまく処理し、現実社会からの制限を少しずつ受け入れていくようになる。

◆ 3 　　　　の著しい発達・・・両親が**内在化**（子どもの心の中にできる）する。**超自我**は、実際の両親より厳しいことも多く、子どもが自分自身を厳しく処罰したり、厳しい規範を守ろうとしたりする。←　実際の両親の存在が、まだ必要。

表 2-1　フロイトの発達論 (前田,1985 より作成)

年齢	一般的発達	リビドー	自我	エリクソンの段階
0 1	**依存期** ・不安―無力感 ・皮膚接触 ・授乳 ・離乳	**口愛期** 吸う のみこむ 吐き出す かみつく	とり入れ 同一視 投射	｛**信頼感** 　不信感 得る―希望 ｛一極性 　早熟な自己分化
2	**自立期** ・トイレット・トレーニング ・筋力の支配 ・判断力 ・言語―思考 ・現実吟味の始まり	**肛門期** 貯留 排出	反動形成 うち消し 隔離 否認 退行	｛**自律性** 　恥・疑惑 保持・放出―意志 ｛両極性（相互性） 　自閉
3 4 5	**役割取得期** ・男・女の区別 ・探索行動 ・自由・独立の欲求 ・環境の支配	**男根期** ｛男根的誇り 　去勢不安 ｛男根羨望 　去勢コンプレックス	抑圧 置きかえ 昇華 同一化 とり入れ 〔**超自我形成**〕	｛**積極性** 　罪悪感 思い通りにする―目的 真似る ｛遊戯的同一化 　（エディプス的） 　　　空想同一性
6	**適合期** ・知的拡大 ・外的世界の発見 ・ギャングエージ	**潜伏期**	超自我の修正 ↓ 自我確立へ	｛**生産性** 　劣等感 ものを作る―適格 ｛労働同一化 　同一性喪失
12	**青年期** ・自己意識の拡大 ・第二次性徴 ・大人への反抗 ・理想の追求 ・心理的離乳	**思春期** ↓ 性器期	｛幼児期への 　一時的退行 知性化 合理化	｛**同一性** 　同一性拡散 自分自身である―忠誠 ｛自己確信 　同一性意識

> うそ
> 　　　　　　ごうだ　なおと
>
> ぼくは学校をやすみました
> おかあさんにうそをついたからです
> なんのうそかというといえません
> おかあさんをなかせてしまいました
> ぼくもなきました
> おかあさんは
> こんなおもいやりのない子とはおもわんかった
> こんなくやしいおもいをしたのは
> はじめてやといいました
> ぼくはあほでまぬけで
> ばかなことをしたとおもった
> ぼくもかなしくてこころがいたい
> それでもおかあさんは
> なおちゃんのことがだれよりもすきやでと
> だきしめてくれました

悪いことは悪いと思える心は、親とのかかわりで自然に身につく。悪いことに向き合うにはエネルギーが必要。子を本気で叱れるかどうか？親子で考えてみよう。

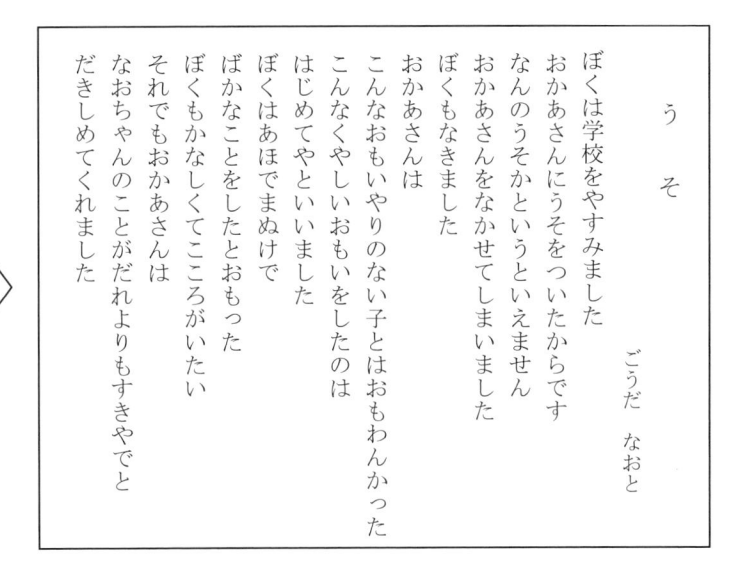

（鹿島・灰谷,1994）

◆思考法の変化・・・具体的操作　→　→　→　→　4　　　　操作
（ピアジェ　Piaget,J.の発達理論より）
　　　　　　　　物の見た目にだまされなくなる　　　　論理的・抽象的推論ができる
　　　　　　　　　　　　　　　　　　　　　　　　　　（大人と同じような思考法）
　　　　　　　　　　　　７～11歳　　　　　　　　　　　11歳以降

◆心の理論・・・二次的信念の理解「Ａさんは物 X が場所 Y にあると誤って信じている、とＢさんは誤って信じている」→健常児では児童期の中期（9～10歳頃）に発達するとされる。

※　二次的信念の理解ができるようになると、他者からみた自分を知ることによって、他者を通じた自己理解を促進できる。また、複雑な人間関係を理解するために必要不可欠のものとなる。推理小説やドラマなども楽しめるようになる。

　　　　　　○　9歳の壁・・・抽象的思考を必要とする学習内容（分数、少数など）を理解できるか否かのポイント

⇕　　ホントに落ち着いている！？

第二次成長が始まる前に、**心の根源的世界に到達する（人間の到達しうる最高点に到達してしまう）かのように**見える。

> 児童期後期と重なる。小学校高学年頃が中心だが、だいたい10〜14歳前後まで広げて考える。

◆ **前青年期** という捉え方

体の変化や激しい心の動きの起こる思春期の前の、静かでピュアなひと時。
思春期の始まる直前でもあり、子ども時代に終わりを告げる時期。終わりの予感によって、感性が研ぎ澄まされる。

〜千尋（10歳）　ハリー・ポッター（11歳）　の時代でもある〜
この時期、心の中で起こっていることは・・・

◆　| 5 |　**体験**　自分への気づき「なぜ私は私なの？」

「私」（その人の属性や身体といった諸規定からなる私とは独立した私）への「なぜ」という問い。社会的文脈における自己意識とは異なり、いわゆる霊魂・たましいといったものと近い。
たとえば永井（1991）は次のように表現する。「なぜか私は、20世紀後半というこの時期に、そしておそらくはこの時期だけに存在している。私は13世紀にも、23世紀にも存在することができたはずだし、いかなる時代にもまったく存在しないこともできたはずである。だがしかし、私は誕生し、今ここに（だけ）存在している。これは驚くべきことではないか。」

この時期のひらめきで、一生の仕事を決め、成功する人がいる。
　（例）さかなくん：友達のタコの落書きに魅せられて、海洋生物のとりこに・・・

> 「私は突如、自分というものは他の誰とも異なる存在であることを理解した。それは、何か電光のように私の幼い心を震撼したことを覚えている。私がどんなに努力したところで、自分と別の存在になることはできず、自分であることをやめることができないという痛切な自覚が、その瞬間私に誕生したのである」土居健郎（西村,1978より）

● 自我体験に関する質問紙（天谷，2005）をやってみよう（下記に15項目中10項目を抜粋）。
講義の中で説明された自我体験は、自分の中では、どの程度、体験されているだろうか。

※ 注意！ 質問紙の残り5項目は、授業時間内で示す。
得点化の際は、残り5項目の集計も忘れないように。

次の項目について、過去にどの程度思ったことがあるか、当てはまる箇所に○をつけてください。

	わからない	思ったことがない	何となくあったような気がする	近いことを思ったことがある	思ったことがある
1. 自分はどこから来たんだろう？	1	2	3	4	5
2. 自分はどこへ行くのだろう？	1	2	3	4	5
3. 自分は何だろう？	1	2	3	4	5
4. 自分は誰だろう？	1	2	3	4	5
5. 一体何をもって「自分としているのか？	1	2	3	4	5
6. 自分の正体って何だろう？	1	2	3	4	5
7. 自分の存在そのものが不思議だ。	1	2	3	4	5
8. 自分は本当に自分か？	1	2	3	4	5
9. 自分はなぜ自分なのだろう？	1	2	3	4	5
10. だれでもなく、どうして自分なのだろう？	1	2	3	4	5

参考：
大学生の15項目の平均49.29点，
標準偏差ＳＤ＝12.35

あなたの得点は【　　　】点

◆ 6 ・・・親に従う時期からの変化。同性の仲間と徒党を組み、集団で行動する。自分たちだけのルールや隠語づくり、ひそひそ話、いたずら、秘密基地づくり、交換日記、冒険など。
（例）映画「スタンドバイミー」の世界
　　　互いに強気な面や弱気な面を、時にからかい、時にいたわる

友達は**鏡**となる。「そうか。こんな風に世界とつながることができるんだ」

→この中で、社会的技術、役割遂行、指導と追従、責任感、集団内での問題解決法を学習する。新しい自己像。両親からの自立へ。

7　　　も大切な時期

子どもが自分の「個」を作ってゆくということは、親や先生とは違った世界の自分をもつということ。心の通う友達と共有する**秘密**は、心の自由を保障する。
子どもにとって、親と自分の間に境界を作る**秘密**は、成長するのに必要なもの。⇔　孤立の危険性も同時にはらんでいる。

8　　　に惹きつけられる時期

悪は、**創造性**と**破壊性**を併せもつもの。悪は、未知なものを秘め、活力に満ちている。本当に悪いことをして「はっ」とした時、悪の怖さを体験的に知る。

どんな子どもが**根源的世界**に到達したと<u>意識</u>するか？　→

① 感受性豊かな子ども
② 心の「守り」の薄い子ども

意識しないままに過ぎてゆく子どもがほとんどだけれど・・・

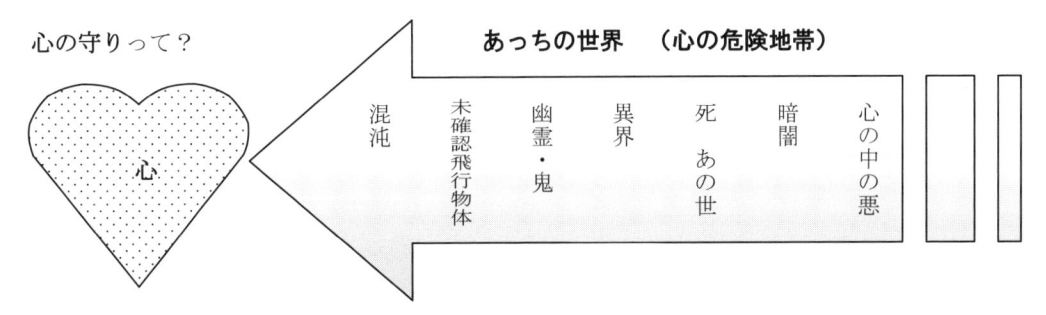

心の守りって？　　　　　　あっちの世界　（心の危険地帯）

あっちの世界の要素：心の中の悪／暗闇／死　あの世／異界／幽霊・鬼／未確認飛行物体／混沌

心の守り　＝　「あっちの世界」からの守り。
　　　　　　「あっちの世界」に<u>触れないだけ</u>の守りか、触れても<u>こっちに戻ってこれる</u>
　　　　　　ような守り。

　この**守り**がないと、ふっと「あっちの世界」に触れてしまう。
感受性が豊かな子どもの場合も、「あっちの世界」に触れる
ことができる。

（吹き出し）「あっちの世界」はワクワクどきどき、魅力を持っている

しかし、<u>危険と隣り合わせ</u>の時期でもあることを忘れずに。　　危険　と　可能性

→「危険と隣り合わせ」についてはコラム1参照

コラム1　守りの薄い子ども

　守りの薄い子が死のテーマに触れることで、内的な死の体験にとどまらず、実際に亡くなってしまうこともある。「ぼくは12歳」を書いた岡真史くんは、12歳で自殺してしまった。詩の中には、自分が崩壊していく不安感が綴られている。内面の認知が進むことによって、現実と内面の食い違いから深刻な悩みに発展することもある。

> 「じぶん」
> じぶんじしんの
> のうより
> 他人ののうの方がわかりやすい
> みんな
> しんじられない
> それは
> じぶんが
> しんじられないから
>
> 「ひとり」
> ひとり
> ただくずれさるのを
> まつだけ
>
> 「ぼくはうちゅう人だ」
> ぼくは
> うちゅう人だ
> また
> 土のそこから
> じかんのながれにそって
> ぼくを
> よぶこえがする

岡真史「ぼくは12歳」(岡, 1985)

コラム2　生き返りを信じる子どもたち

　あなたは、身近な死を体験したことがありますか。ペットの死や昆虫の死からどんな気持ちになりましたか。人は死んだらどうなるのでしょうか。輪廻転生的な考えでは、死んだらあの世でもう一度生きられると考えられて、死も生の一部として身近に捉えられています。しかし、火葬が一般化し、死をタブー視する傾向にあり、また、外遊びで生き物に接する機会が減りゲーム遊びが増えた昨今、現実の死が身近でないままに死んでも生き返ると考えてしまう子どもが増えていることが指摘されています。

　次の表は、小中高生を対象としたアンケート調査の結果です。2割の子どもが、死んでも生き返ると考えている結果です。

表2-2　小中高生にを対象に《一度死んだ生き物が生き返ることがあると思うか？》と質問した結果

「生き返らない」	「わからない」	「生き返る」	「生き返ることもある」
32.9%	30.9%	9.2%	12.7%

（中村博志, 2003）

　次の表は、年代別の結果です。
　中学生になると、死生観が揺らぎ、生と死の概念があいまいになってしまう傾向がわかります。

表2-3　小中高生にを対象に《死んだ人は決して生き返らないですか？》と質問した結果

低学年	「いいえ」25.2%	「わからない」16.6%	「はい」58.2%
高学年	「いいえ」18.3%	「わからない」29%	「はい」52.6%
中学生	「いいえ」22.2%	「わからない」29.7%	「はい」48%

（岡田洋子, 2001）

　すでにみてきたように、前思春期以降は、心が異界に惹きつけられる時期に入るため、奇跡を信じたり、霊界に興味をもったりすることも発達的な成長です。現実に異界の危険な領域へふらりと足を踏み入れてしまわないためにも、現実の死を見つめることも必要でしょう。この機会に、家族と死について話し合ってみるのはいかがでしょう。

（生き返りを信じる子どもたち　2005-02-04 週刊朝日　110(4),　34-36. 朝日新聞社. より作成）

≪参考文献≫

天谷祐子(2005):自己意識と自我体験—「私」への「なぜ」という問い—.パーソナリティ研究,13(2),197-207.

天谷祐子(2011):私はなぜ私なのか 自我体験の発達心理学.ナカニシヤ出版.

生き返りを信じる子どもたち 2005-02-04 週刊朝日 110(4), 34-36.朝日新聞社.

鹿島和夫・灰谷健次郎(1994):一年一組せんせいあのね いまも.理論社.

河合隼雄(1997):子どもと悪.岩波書店.

子安増生(2000):心の理論—心を読む心の科学.岩波書店.

前田重治(1985):図説 臨床精神分析学.誠信書房.

永井均(1991):＜魂＞に対する態度.勁草書房.

西村州衛男(1978):思春期の心理—自我体験の考察—.中井久夫・山中康裕編:思春期の精神病理と治療.岩崎学術出版社.255-285.

岡真史(1985):僕は12歳.ちくま書房.

山中康裕(1978):少年期の心—精神療法を通してみた影.中公新書.

山中康裕(2002):ハリーと千尋世代の子どもたち.朝日出版社.

第3章 思春期における心身の変化

> 【学びのポイント】 児童期が終わり、「何が起こってるの？」と、いろいろなことが不可解になり動揺の時代を迎える。その頃一体何が起こっていたのだろう。どんな意味があったのだろうか。思春期の心身に関する理論を手がかりに振り返ってみよう。

＊ 体型が大人びてきたのは、いつ頃だった？　どんな気持ちになった？

思春期　＝　puberty（英語）にあたる。
　　　　ラテン語「pubis（恥骨）」（英語 pelvis）　⇒　身体に関することが語源。
　　　　　　　　「pubes（恥毛）」

1

日本語では「破瓜」。処女喪失の意。

◆ | 2 |

昔より体格がよくなり、初潮など第二次性徴も低年齢で起こるようになってきたこと。

≪身体の変化に対する受け止めの性差≫

表 3-1　性的成熟の発現に対する心理的受容度(齋藤, 1990)　（落合・伊藤・齋藤, 2002 より作成）

人数（％）

心理的受容度	男子			女子		
	変声	恥毛の発毛	精通	乳房の発達	恥毛の発毛	初潮
おとなになれて、とてもうれしかった。	2(2.9)	4(4.4)	1(2.5)	8(11.6)	5(7.0)	11(5.7)
おとなになる上で、あたりまえだと思った。	18(26.1)	34(37.8)	19(47.5)	12(17.4)	11(15.5)	14(20.0)
別に何とも思わなかった。	39(56.5)	31(34.4)	12(30.0)	40(58.0)	27(38.0)	13(18.6)
いやだったが、しかたないと思った。	7(10.1)	17(18.9)	5(12.5)	8(11.6)	22(31.0)	27(38.6)
とてもいやで、できればそうなってほしくないと思った。	3(4.3)	4(4.4)	3(7.5)	1(1.4)	6(8.5)	5(7.1)

（女性の方が、身体の変化をネガティブに受け取る傾向があります。）

対人恐怖で苦しんでいた女子学生Aさんは、初潮の到来を「5年か6年か覚えていない、無関心だった」と淡々とした調子で語った。別の女子学生Bさんは、それがなんであるのかわからないまま、2、3日母親にも言えなかったという。その2、3日が彼女にとってどれほど大きな不安に満ちた長い時間であったか、想像に難くないところである。また、登校拒否で来談していた女子高生のCさんは、「初潮のときも実感がまるでわからなくて、自分とそれが別のものじゃないかという気がした」という。

(田畑, 1990 より)

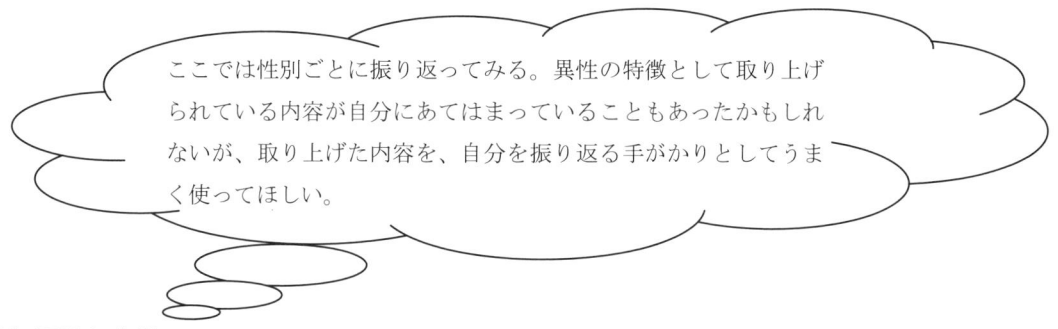

> ここでは性別ごとに振り返ってみる。異性の特徴として取り上げられている内容が自分にあてはまっていることもあったかもしれないが、取り上げた内容を、自分を振り返る手がかりとしてうまく使ってほしい。

1）男性と身体

ⅰ）性の目覚め

- 恥と罪悪感、困惑。自分のものであるが、受け入れがたい。
- これまで何とも思っていなかった女の子が、理解を超えた存在になる。でも近づきたい。

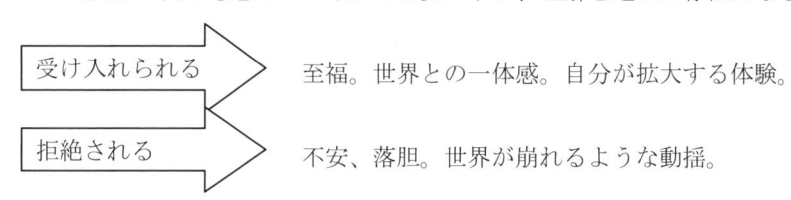

受け入れられる　→　至福。世界との一体感。自分が拡大する体験。

拒絶される　→　不安、落胆。世界が崩れるような動揺。

- 女性への近づき方に慣れておらず、憧れが強いけれどうまく近づけない。主体的に自分がどう動いたらいいのかを、未だ身につけていない。

ⅱ）夢こわし

男性原理の取り入れ

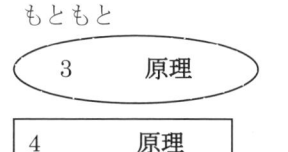

もともと

(3 　　原理)　　「ただ在る」だけで O.K. わが子はわが子であるだけで母親にとってはかけがえがない。

[4 　　原理]　　人と競争して勝つこと、人より優れていることが大切　＝　**社会化**
挫折体験も生じる。

⇩

<u>自分の劣等性への傷つきをどう乗り越えるか！が課題となる。</u>

- ◆ 身体的成長の個人差の開き
    - → 自分の限界に直面。子どもの頃からの夢の放棄。
- ◆ 成績評価・進路指導
    - → 就職や進学にあたって、他者と比較した自分の姿に直面。

> 男性原理の取り入れは、現代では女性にも当てはまることが多いだろう。

2）女性と身体
ⅰ) 身体の成熟

> 大人の女性ってどんなイメージ？
> **大人の女性になるイメージは、自分の中にある？**

思春期に女性は子どもを産めるようになる。

昔はこの年齢から結婚、出産をすることも多かった。

しかし現代の思春期は中学生・高校生の時代。身体面と社会面・経済面とのギャップをどう考えるか？

自己のイメージは　[5]　についてのイメージ（ボディ・イメージ）と密接に結びついている。

自己の内面的イメージについての反省、およびその表現力が発達途上にある思春期には、子どもの自己イメージの関心が、自分のボディ・イメージに向けられるのは自然のこと（人見, 1988）。

◆ [6]

- ・「娘」の身体から「女」の身体へ。自然のもつ大きなサイクルに組み込まれる。
- ・周期をもつことが、月の満ち欠けとも似ている。「月経は月によって引き起こされる。月は女性を···精神的に破瓜する（Neumann）」

> 思春期には、身体的に変化していく自分のイメージを、心理的にも受け止めねばならない。これと同時に、社会的にも「女の子」として、男の子とは違った家庭のしつけ、社会的行動の枠組みを要求される。
> そうした葛藤を感じたことは、なかっただろうか？

＜アイデンティティの形成にみる性差＞

＊「性」・・・sex＝生物学的雄雌
　　　　　　gender＝心理学的・社会学的な男性性・女性性
　　　　　１歳半頃には幼児の行動に性の分化がはっきり観察できる。
　　　　　２～３歳になると、「僕は男の子」「私は女の子」という自覚が十分に確立される。
　　　　　　↑
　　　　　生物学的な性よりも、心理・社会的な要因が大きく関連する。

| 7 |　生物学的性に基づいて、社会が個人に期待する一連のパーソナリティ特性。

周囲からの役割期待と自分の性役割観のずれ （伊藤, 1983）
　・男子は、中学から成人へと成長するに従って解消する傾向にある。
　・女子は、高校から大学にかけてずれが大きくなり、役割葛藤が起こる。

マーラーによれば、| 8 |　の過程に性差が見られる。

　☆**男性**：機会があれば、母親から離れて、広がりつつある世界で楽しむ | 9 |　へ

　☆**女性**：母親が近くにいるほうが夢中になれる。母親と別々であるという意識が、早期のジェンダーアイデンティティに逆らうものなので、行動世界が広がると同時に、母親へ戻ろうとする傾向も強まる | 10 |　へ

> この時期は、**乳幼児期**の**コンプレックス**が再び現れ、課題となる時期でもある。親との三角関係が再燃し、親子関係の見直しを迫られる。
> →　エディプス期（男根期）：３歳～６歳頃。同性の親への同一化とライバル視、異性の親への愛を通して性役割を獲得。自分の性別アイデンティティを確立してゆく時期。

男の子　・・・ 11 ・コンプレックス

お母さんといたいけど、お母さんはお父さんのもの。同性としてお父さんにはかなわない。

> **ギリシャ神話**：オイディプス王は、父を殺す運命の下に誕生した。運命には逆らえず、そうとは知らず、父を殺して母と交わり子を儲ける。その事実を知ったオイディプスは、自分の目をつぶし王位を退き各処をさまよった。

女の子　・・・ 12 ・コンプレックス

お母さんに敵意をもち、お母さんから分離し、お父さんや他の男性へと欲望が向かう。

> **ギリシャ神話**：エレクトラの母は浮気をし、浮気相手と共に夫を殺した。これを知った娘エレクトラは、父を思い母を殺した。

同性の親に対して**アンビバレント**な感情。**好き**　と　**嫌い**　が混在している。

エディプス・コンプレックス／エレクトラ・コンプレックス

異性の親に対して性愛の感情をもち、同性の親に対して敵意をもつ、無意識的心理。
この時期、同性の親に思い切りぶつかり心の中のもやもやを処理していくことで、同性の親は"良きライバル"となる。

→ この時期をうまく乗り越えると・・・自分の男らしさ、女らしさに自信がもてる。

→ この時期をうまく通過できないと・・・男らしさ、女らしさに自信がもてない。劣等感をもつ。
異性に対して不自然なふるまいをする。

☆**男性**：自分の力を必要以上に誇示する。快感もないのに多数の女性を征服する。
同性のライバルや上司とうまくいかない。

☆**女性**：自分の魅力で多数の男性を支配しようとする。体や容姿を誇示する。
父親が理想の人。父親以上の男性を求める。

つまり、「同性の親にしっかり敵意をぶつけられること」「**同性への敵意を心の中で適当に処理すること**」がこの時期の課題なのだ。適当に処理できると、同性同士でうまくいくようになる。
同性と、うまく競争したりつきあったりできる。

＜思春期における自意識の高まり＞

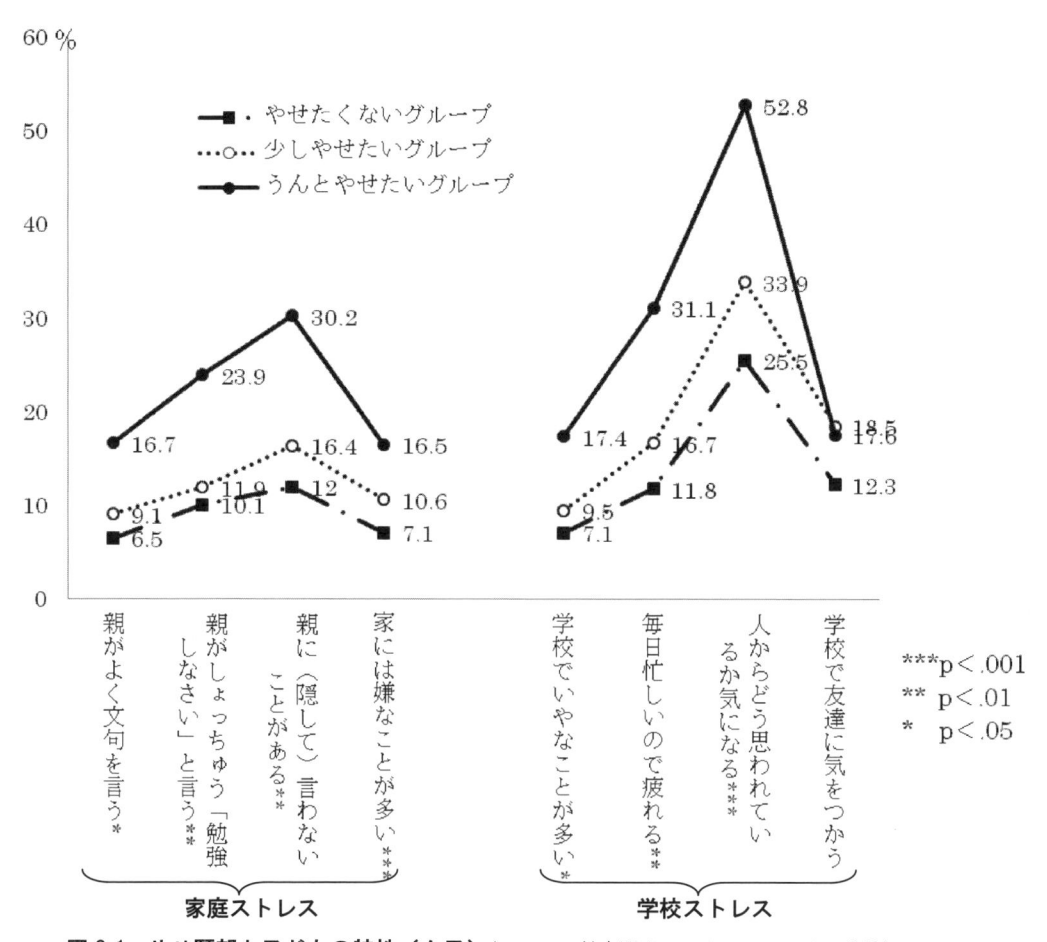

図3-1 やせ願望と子どもの特性（女子）（Benesse教育開発センター, 2002より抜粋）

グラフ内数値：

家庭ストレス
- 親がよく文句を言う*：やせたくない 6.5、少しやせたい 9.1、うんとやせたい 16.7
- 親がしょっちゅう「勉強しなさい」と言う**：10.1、11.9、23.9
- 親に（隠して）言わないことがある**：12、16.4、30.2
- 家には嫌なことが多い***：7.1、10.6、16.5

学校ストレス
- 学校でいやなことが多い*：7.1、9.5、17.4
- 毎日忙しいので疲れる**：11.8、16.7、31.1
- 人からどう思われているか気になる***：25.5、33.9、52.8
- 学校で友達に気をつかう：12.3、18.5、17.6

***p＜.001
** p＜.01
* p＜.05

★身体が変化すると・・・

　身体への意識が高まる。
　他者から見られる自分を意識するようになる。

　⬇ 誰でもあることだけど・・・

　身体を過剰に意識し、痩せたい青年は、ストレスが強いことがわかっている（図3-1）。

≪やせ願望と摂食障害≫

> ダイエットが年中流行っている。「痩せたい」と思っている若者が多い。その背景には何があるの？

女性の場合、学力や友人関係よりも、容姿が自己受容感を決める、という見解まである。
　→　青年にとって、身体との関係のもち方は、心の安定に欠かせない要素。

◆ [13]　　定義：拒食：標準体重の20％以上の痩せと無月経が続く。
　　　　　　　　　　過食：気晴らし食い・無茶食いを繰り返す。自己嘔吐・下剤乱用。
　　　　　　　　特徴：体重、体型への病的とらわれ、歪んだ認識。
　　　　　　　　　　　先進国の12歳～18歳の女性の250人に1人が罹患

～要因は簡単には説明できない～
　育ち方：乳幼児期に食べる事をめぐる葛藤があった可能性。親の不安やしつけの影響。
　思春期という時期：これまでの自分の見直し。修正し埋め合わせる工夫。体の変化への戸惑い。
　世相の反映：有能かつ可愛い女性であれ。
　　　　→ダイエットは自己コントロールの証。痩身は賞賛される。

　　　　　　　　この矛盾をどう生きるのか？？　モデルの不在。

> 解決へのヒント：　自分の本音、自分の体の声を丁寧に聞いてあげてみよう。何か聞こえてこないだろうか。これまで気づいていなかった声が聞こえてこないだろうか。

竹取物語をもとに、やせ願望と [14] について考えてみよう。

多数の男性が結婚したがったかぐや姫、無理難題を出し、最後は月の都へ昇天してしまう。

　　　　　　　　　　　　　↓
● [15]　　　コンプレックス（牛島，1988）：思春期やせ症の背後にある成熟
　　　　　　　　　　　　　　　　　　　　　　拒否。

　・「竹」…子宮イメージからの遠さ
　・翁夫婦の溺愛　→　身体は女性になっても心は未熟
　・地面で生活しない傾向。上昇志向。月を見て泣く。
　・この世に存在しえない純粋さを求める心理
　・大人になりきれない少女性。可能性を追いかけ、現実を直視できない。

<特徴>
① 父親コンプレックスの強さ。父親代理になる異性への接近がむずかしい。
② 母性の否定。

> 竹取物語を通して、大地の次元で自分の身体とつながっていることは大切だと考えられるが、上を目指し頑張りすぎて心に負担を抱えている女性が、現代社会に多い。また、最近は男性にも、摂食障害が増えてきていると言われる。現代社会のどんなことが影響しているのだろうか。

≪ファッションとペルソナ　～ユングの「元型論」から≫

思春期・青年期の頃の、ファッションの意味は？
＊　ファッションと身体の関係
　　　　服飾は、身体を包むもの。
　　　　化粧は、皮膚を彩るものや、香りをつけるもの。

落ち込んだ時、ファッションで気分を変えたり、高めたり、ということは、経験があるのではないだろうか。

→　思春期・青年期には、自分を守るものとしてのファッションが大切な意味をもつ。

> 例えば、ゴスロリファッションをする若者の自尊心は低いという研究結果があったり（高石，2009）、ある不登校の子は、「外出すると、まるで自分が裸であるいているみたいです」と語った事例がある。

> One day, Did the alarm o'clock go off？
> Wake up！ まだまだ眠いの
> 二度寝したいけど 慌ててメール CHECK
> なんで期待？
>
> 毎日日課だった'おはよう'
> 来ないの もう
> ため息飲み込んで 鏡に問いかける
>
> 聞かせて聞かせて
> 今日の色☆
> キラキラ アイシャドウ
> ブルーなこの恋を忘れさせてよ
>
> 落ちてる日々はもうやめよう
> 眠い目こすって
> 素顔笑顔に変える魔法をかける
> ここからが Start
>
> 鏡の前 見比べる
> 今日と昨日までの自分
> ノリが良くなってきた気がした
> 気のせい？
>
> お気に入りのミュージック
> 携帯に詰め込んで
> ねえ、今日のシャドー
> 何色にする？
>
> ブラシでぼかして
> チークはピンク
> アイライナー濃いめで
> 誰のためじゃない 自分を磨く「MAKE」
>
> まだまだ私には先がある
> 涙隠して
> 鏡に映る青空に気づいた
> ここからが Start
>
> (I want you to smile with me again.
> One more time, please... I'm still in love.)
>
> 水溜まりの心に
> 君がまだ住んでて
> 曇りのち目が腫れてる Uh...
>
> 聞かせて聞かせて
> 今日の色☆
> キラキラ アイシャドウ
> ブルーなこの恋を忘れさせてよ
>
> 落ちてる日々はもうやめよう
> 眠い目こすって
> 素顔笑顔に変える魔法をかける
> ここからが Start
>
> ブラシでぼかして
> チークはピンク
> アイライナー濃いめで
> 誰のためじゃない 自分を磨く「MAKE」
>
> もう大丈夫でしょ？私
> もう泣かないから
> 必要なのは Best Friends と MAKE UP
> ここからが Start

西野カナ　MAKE UP

高見（2011）によると・・・

　重篤で自傷的な身体加工をほどこしている、ある青年の心理療法における夢で、自分が自然や超越的な存在に包まれ、守られているイメージが語られた、と言う。

　個を重視する現代社会を生きる私たちにとって、はかない存在である自分を守ってくれる体験として、古代人のような「モノの魂に包まれる」体験が、ピアスやタトゥーには、あるのかもしれない。

◆ピアス、タトゥー、などなど・・・の意味は？

　歴史的には、儀式的な自傷行為は、通過儀礼の意味合いや、死者の再生や病の治癒など、呪術的な側面が濃いと考えられている。
　自傷的なファッションもまた、現代の人々が、何らかの心の回復を目指しているのかもしれない。

表 3-2　先住民族におけるモディフィケーションの例 （松本 2009 より作成）

種類	種族	部位・方法	意味
皮膚の切開	中東諸国	男性器に対する割礼	宗教的儀式・通過儀礼
	アフリカの一部の民族	女性器に対する割礼	女性の性欲・性感の低減？
身体の切断	ニューギニア・ドゥグン・ダニ族	少女の指の切断	葬儀の生贄
	アフリカ・ホッテントット族		婚約もしくは結婚の証
	北米インディアン・クロー族	自らの指を切断し、髪を切り落とし、身体を切り裂く	若い死者の喪に服するため
タトゥー（入れ墨）	ポリネシア・マオリ族	顔全体の入れ墨	個人・社会的地位の標識、敵の威嚇
	パプアニューギニア・モトゥ族	少女の成長に伴って入れ墨の領域を腹部、胸部、脚、顔へと広げていく	女性の生殖能力の発達段階を示す
	パプアニューギニア・ロロ族	少女の乳房・臍への入れ墨	婚約もしくは結婚していることを示す
	ボルネオ・カジャン族	手全体の入れ墨	男性の通過儀礼
ピアス	ボルネオ先住民族	男性器の亀頭部分を左右に貫通する	性交時の能力を高める
	アフリカの一部の先住民族	動物の骨や角などを鼻中隔に貫通させる	男性性の強さの誇示

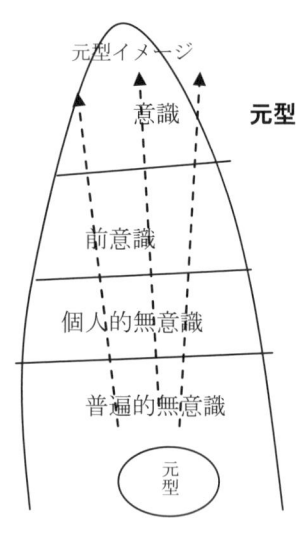

元型イメージ
意識
前意識
個人的無意識
普遍的無意識
元型

元型 archetype ＝全ての人の普遍的無意識に、生まれた時から備わっている「イメージを作り出すモト」。

意識的世界の対象に触発されて、おのずから姿を現す。

元型自体は、目に見えず意識されることもない。
元型イメージとなって具体的に現れる。

図 3-2 ユングの元型

| 16 |

persona の由来：ラテン語。古典劇において、役者によってつけられた仮面に由来する。**仮面**。

ペルソナ：人が外界への適応に必要とする、心の内部の組織。全ての人がもっている。人は社会で生きていくにあたって、いくつも様々の仮面をかぶり、状況に応じていくつかの顔を表し、役割を演じている。性同一性、発達の段階、社会的地位、職業など。

個性とは違い、内的なものに根ざしながら、自分と周りからの期待との間で形成されてゆく。夢やイメージの中では一般に、**衣服、殻、皮、名刺**などで表されることが多い。

> 多くの人の前で裸で歩いている夢
> 場違いの服装をしている夢　など

ペルソナの例；「男らしさ」「女らしさ」「学生」「店員」
「よい息子」「優しい娘」「頼りになる人」　など

> ペルソナは文化、社会、時代、集団によって変化する。
> 日本では、「対面」「面子（めんつ）」「面汚し」等の言葉があるように、
> 社会の方に重きがおかれているのかも・・・

＊ペルソナの便利な面・危険性

便利な面・・・ペルソナが柔らかい防壁になることで自分の本質を隠し、外の人との気楽な交流ができる。
　　　　　　社会に適応できる。「この集団の中では、どんな人として居ようか？」

危険性・・・周りの期待に合わせすぎてしまいあまりにも「自分＝仮面」となってしまうと、ペルソナが硬くなり、自分の本質がペルソナの陰に隠れ、自分が窒息してしまう。
　　　　　　「仮面に操られている私。私は誰？」

人との間で摩擦が多い人は・・・ペルソナを変化させたり柔軟にしたりすることで、うまく交流がはかれるかも。

コラム3　新世紀エヴァンゲリオンの思春期性
　　　　　～碇シンジのイニシエーションの物語～

＜作品の概要＞

> 地球人口の半減する大惨事の15年後の日本（第三新東京市）が舞台。
> 　三人の14歳がエヴァのパイロット（シンジ、レイ、アスカ）。エヴァは、特殊な素質を持った14歳の子どもにしか操縦できない設定。
> 　シンジはおどおどした内向的な少年。
> 　シンジの初陣は、充分な心の準備のないまま始まる。完全停止した後の「暴走」（エヴァの謎の一つ）で、エヴァが勝つのだが…

　エヴァンゲリオンでは、14歳の子どもたちが不安や葛藤を抱えながら戦うことを余儀なくされます。そこには、思春期的な心性が映し出されているように思えます。その特徴をみてみましょう。

◆エヴァの「暴走」＝思春期の激しい攻撃性
　エヴァが時に陥る制御不能は、パイロットを不安定な状況に陥らせます。こうした状況は、自我が制御不能になり、強大化したエスの脅威にさらされる思春期の状況、そして未分化な憤怒の突発的な表出を連想させます。

◆不安定の中の安定
　明るい学園ドラマ対凄惨な戦闘場面という対比がみられます。日常性と非日常性、明と暗、軽さと重さの交錯。そして、シンジとアスカの優越感と自己嫌悪の揺れ。思春期に特徴的なこうした対比が、生き生きと描かれています。

◆使徒について

　生物、無生物の範疇を超えているものです。形態も、攻撃方法も、様々です。これは、思春期における集合的無意識の非日常性、異質性を連想させます。

◆レイの実存的な苦しみ

　レイはシンジの亡き母のクローン人間で、離人症者のような実存の苦しみを抱えています。碇ゲンドウに絶対服従していましたが、周りの人とのかかわりの中でしだいに感情をもち、「私」の存在に徐々に目覚めていきます。レイが一人の淋しさを知り涙し、「これは誰？これは私？・・・でも私が私でない感じ。・・・」と独白するシーンでは、アイデンティティの危機的状況をうかがわせます。

　彼女の体験は、思春期に起こりやすいアイデンティティの危機と、「私」への目覚め（自我体験）に重なるのではないでしょうか。

◆アスカのサディスティックな性格

　科学者だった母はアスカが4歳の時、事故で精神障害になり、その後自殺しました。アスカは「泣かないで、自分で考えて生きていくの」と決意し、勝気な性格が作られていきました。あたかもトラウマが自分自身の原点であるかのように、ひたすら懸命に生きているアスカの姿は、思春期的な心性をもつ女性たちの共感を呼んだようです。

≪参考文献≫

アンドリュー・サミュエルズ著　村本詔司・村本邦子訳（1990）：ユングとポスト・ユンギアン．創元社．

阿世賀浩一郎（1997）：エヴァンゲリオンの深層心理．アリアドネ企画．

Benesse教育研究開発センター（2002）：子どもの痩せ願望　モノグラフ・小学生ナウ，vol.21-2．

人見一彦（1988）：女性の成長と心の悩み　女子大生の自分史を通して．創元社

伊藤裕子（1983）：青年期における性役割観および性役割期待の認知．教育心理学研究，31（2），45-50．

松本俊彦（2009）：自傷行為の理解と援助．日本評論社．

西村則昭(2004)：アニメと思春期のこころ．創元社．

落合良行・伊藤裕子・齋藤誠一（2002）：ベーシック現代心理学　青年の心理学　改訂版．有斐閣．

大場登（2000）：ユングの「ペルソナ」再考．創元社．

白石淑江・森省二（1989）：かぐや姫―永遠の少女の背景にある成熟拒否の心理―　名作童話の深層．創元社，117-145．

高石浩一（2009）：ファッションと自己愛．心理臨床の広場．日本心理臨床学会，34-35．

高見友理（2011）：魂に包まれる体験としての身体加工―タトゥー、ボディ・ピアスにコミットする青年の夢から．こころの科学，157，2-7．

田畑洋子（1990）：青年期女子の意味と課題．氏原寛・東山弘子・岡田康伸編：現代青年心理学―男の立場と女の状況―．培風館，13-33．

氏原寛（1989）：童話の深層分析とその理論―ユング派とフロイト派による『白雪姫』解釈の比較―　名作童話の深層．創元社，4-39．

牛島定信（1988）：思春期の対象関係論．金剛出版．

西野カナ　MAKE UP　【JASRAC 出 1214671－201】

第4章 友人関係の発達的変化

> 【学びのポイント】 小学校、中学校、大学、と進むにつれて、友達との付き合いはどのように変わってきただろうか。友達との関係で、苦労したり、楽しみを得たり、といった体験を思い出しながら、そこに含まれる発達的な意味を考えてみよう。

小学校、中学校、高校、大学と進むにつれて、友達との付き合い方はどんな風に変わってきたかな。昔は近所の子が遊びやすくて仲良くなっていたのが、だんだんと、趣味があうとか、波長が合う相手と仲良くなってきたのでは？

← 第2章で学習した内容をくわしくみておこう。

小学校・中学校・高校へは、何を楽しみに行っていたかな。

小泉（1984）によれば、学年があがるにつれて、勉強より、友人関係が大事になってくることが、調査からわかった。

しかし、友人関係の質はどうだろうか？ 15-23歳 「心を打ち明けて話せる友人がいる」96%（総務省青少年対策本部, 1992）とあるものの、さらにみると、「友だち関係はわりとあっさりしている」65.4%,「悩みを友達に言うことは少ない」43.2%（同上, 1991）という結果が出ている。

1）前青年期の友人関係

◆ 自己および他者に対する概念の変化

小学校低学年
・友達を**外見や行動**で判断。
（例：足が速い、背が高い）
・**具体的**な事柄からの思考
（友人＝遊び相手、ものをくれる）

→

小学校高学年
・**友人**との**内面的**な付き合いの始まり。
・**抽象的**な概念、論理的思考
（自分＝我慢できる、優しい、等）
（友人＝助け合う、励ましあう相手）

→ 社会化

自分や友達のことを内面的な特徴から捉えられるようになったり（形式的操作期へ）、親から学んだ道徳観を基盤に友達同士で悪いことにも触れたり（ギャングエイジ）、自分という実存的な意識が芽生えたり（自我体験）と、劇的に変化していく時期。

◆ **超自我** が弱まり [1   ] （ego-ideal）形成　へ（ブロス，P.）

　親との関係を基盤に作られた超自我が弱くなる代わりに、同性の友人関係との付き合いを通じて、自分の理想として取り入れていく。

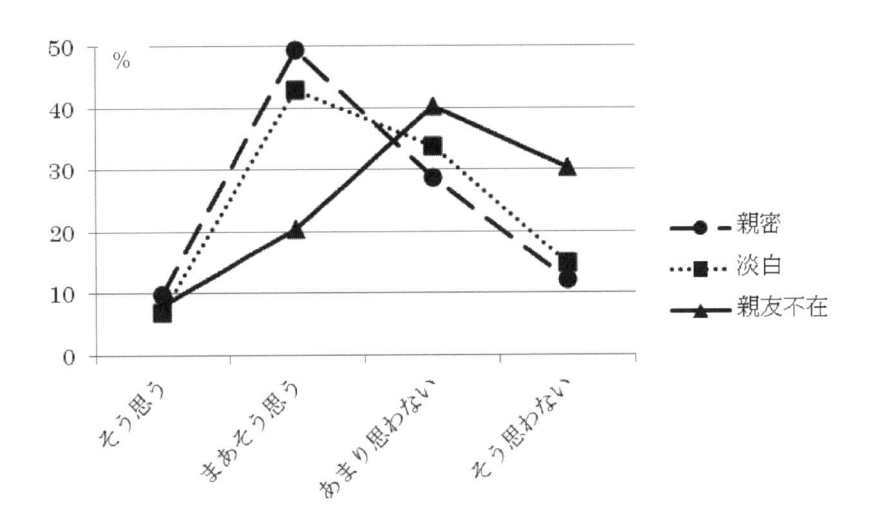

質問：日々の生活に充実感を感じている

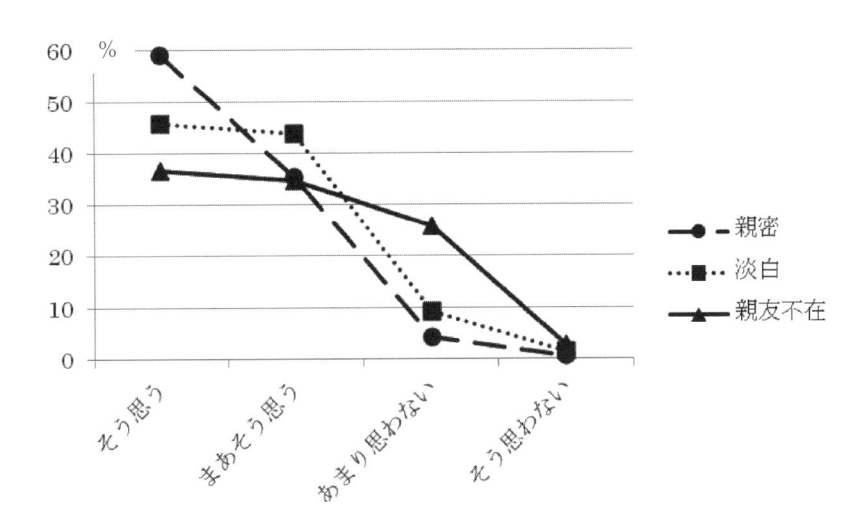

質問：自分には自分らしさというものがある
図 4-1　友人関係と適応状態（西村,1995 より改変して作成）

友人関係が淡白でも日々はそれなりに充実するようだが、親友が不在だと、自分らしさが形成されにくいという結果もある。一方、親密過ぎても、他者や社会の目を気にしすぎることも明らかになっている。

◆ギャングエイジから［ 2　　　　　　］へ

特定の同性の仲間との、個人的な変化や葛藤を共有できる親密な関係のこと。
親に言えない秘密を打ち明け、悩んでいるのは自分だけではないと知り、成長をともに支えあう。

表 4-1　Chumchecklist（長尾, 1997 より作成）

あなたの今の身のまわりに次のような友だちはいますか。
1　修学旅行のバスの中でとなりの席にすわりたい友だちがいる。
2　おとなになったら何になりたいと話し合える友達がいる。
3　自分の家に来てとまる友だちがいる。
4　朝、いっしょに登校する友だちがいる。
5　かわるがわるリーダーとなるようなゲームをいっしょにする友だちがいる。
6　勉強がおくれたら助けてあげたい友だちがいる。
7　夏休みなどにいっしょに旅行や遠くへ行きたい友だちがいる。
8　ドッヂボールやソフトボールなどいっしょに遊べる友だちがいる。
9　異性のことをおたがいに話す友だちがいる。
10　自分とほとんど好みがいっしょの友だちがいる。
11　おたがいの親のことを話せる友だちがいる。
12　宿題のことで家へ電話し合う友だちがいる。
13　たとえばゲームがじょうずでなくても敵方ではなく同じチームにしたい友だちがいる。
14　誰にもいえない秘密をおたがいに知っている友だちがいる。
15　いっしょにビデオを見たり、ファミコンをする友だちがいる。
16　悪いことをしていたら、そのことが悪いことだと指摘したい友だちがいる。
17　誰かにいじめられていたら助けてやりたい友だちがいる。

⇐　　小学校6年生前後を思い出してみよう。チャムシップをもっていたかな？

前青年期に、人は人生において初めて［ 3　　　　　］を経験する。

　　<u>孤独を味わうしんどさ</u>を、似たもの同士で近づいて関係を結ぶことで少しでも楽になりたいと願う。

現実にかかわりあっている人と
理解・共感できると考えている

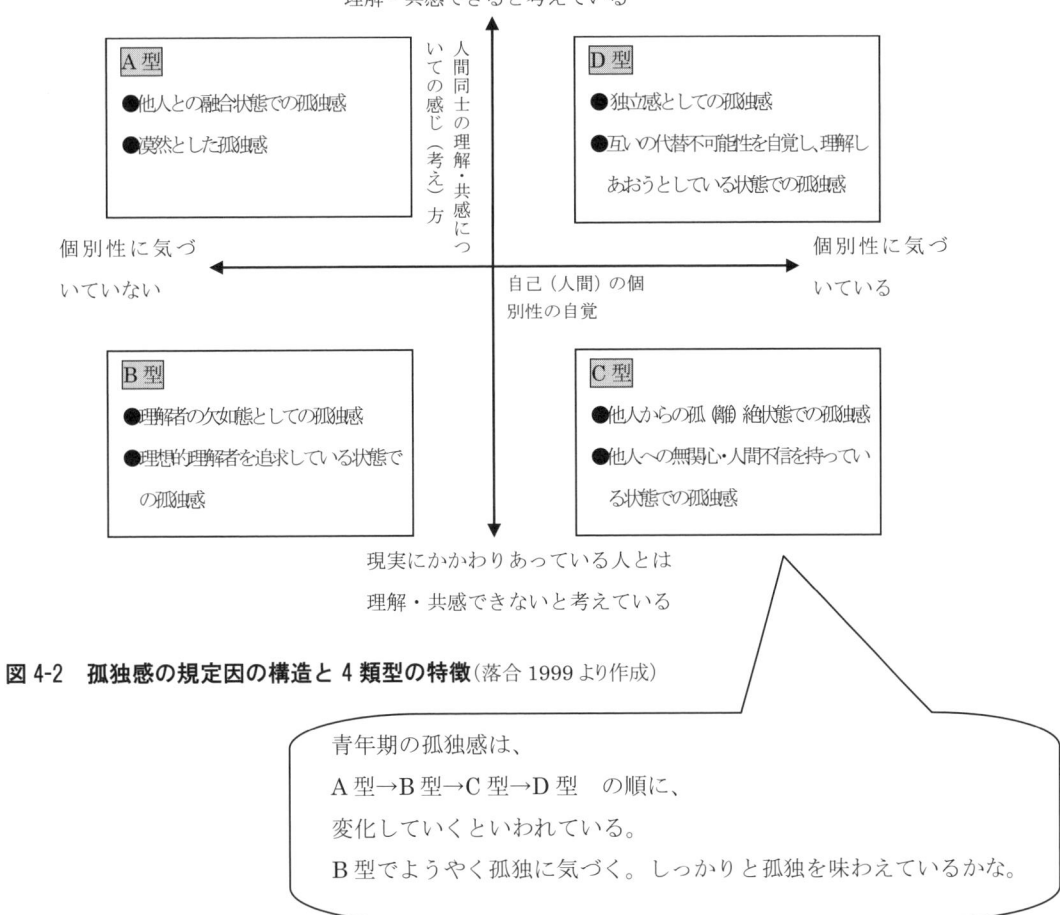

```
┌─────────────────────────┐        ┌─────────────────────────┐
│ A型                      │        │ D型                      │
│ ●他人との融合状態での孤独感  │        │ ●独立感としての孤独感       │
│ ●漠然とした孤独感          │        │ ●互いの代替不可能性を自覚し、│
│                         │        │   理解しあおうとしている状態│
│                         │        │   での孤独感               │
└─────────────────────────┘        └─────────────────────────┘

個別性に気づ                                        個別性に気づ
いていない          ←――――――――――――→          いている
                      自己（人間）の個
                      別性の自覚

┌─────────────────────────┐        ┌─────────────────────────┐
│ B型                      │        │ C型                      │
│ ●理解者の欠如態としての孤独感│        │ ●他人からの孤絶状態での    │
│ ●理想的理解者を追求している │        │   孤独感                  │
│   状態での孤独感           │        │ ●他人への無関心・人間不信を│
│                         │        │   持っている状態での孤独感 │
└─────────────────────────┘        └─────────────────────────┘
```

縦軸ラベル：人間同士の理解・共感についての感じ（考え）方

現実にかかわりあっている人とは
理解・共感できないと考えている

図4-2 孤独感の規定因の構造と4類型の特徴(落合1999より作成)

> 青年期の孤独感は、
> A型→B型→C型→D型 の順に、
> 変化していくといわれている。
> B型でようやく孤独に気づく。しっかりと孤独を味わえているかな。

しかし、最近は、チャムが存在しない子も多い！？岩宮によれば・・・
ネットのコミュニティにおいて、コアな話題でも同じ趣味をもつ者同士がパッとつながれる。実際の生活では、波風を立てないよう自分を出さずに付き合い、わかってもらう努力をしない子が増えている、と言われる。あなたは、孤独とどう向き合ってきたかな。

> いつだって誰だって持ち歩ける世界
> 手のひらの中に数百人　友情わずか100グラム
> つながったふりでつながれた
> 寂しい時の隠れ家　小さな世界
>
> 不眠不休のポストマン　神出鬼没のカメラマン
> 手のひらの中で震えてる　愛情さえ100グラム
> こいつがあればいつも幸せ　怖いものなし　小さな世界
>
> 世界は軽い　薄くて軽い
> 電波に乗って飛んでいける
> 世界は狭い　広くて狭い
> 電波は何をつないでいる
>
> いつだって誰だって呼び出せる機械
> 笑った顔文字の奥　わたしの心100グラム
> 明かりが消えた部屋みたく　冴えない胸のアンテナ
> こいつが鳴ればすぐに幸せ　まぶしい光　小さな世界
>
> 世界は軽い　薄くて軽い
> 電波は何を運んでいる
> 世界は狭い　広くて狭い
> もしもし　どこで何をしてる？
>
> 小さな世界は軽い　安くて軽い
> 電波があれば生きていける
> 小さな世界は狭い　広くて狭い
> 電波があれば生きていける

チャットモンチー　モバイルワールド

> 携帯が普及する前は、一台の電話を家族で共有していたのが、現代は一人一台電話を持つ時代。
> 親に知られることなく誰とでも連絡がとれたり、遠方に住んでいる人と付き合うこともできる。
> 「即レス」が友達の証と考えて、携帯のメールにばかり気をとられている人もいるのではないだろうか。
> （大野，2009）

チャムが得られない場合・・・

| 4 | を作り上げる。　　Ex.『アンネの日記』

ネットで分かち合える仲間と対話することと、アンネが想像上の人物と対話していたことは、どのように違うのだろうか。

ここで・・・

森定（2001）によれば、思春期の子がすきな音楽や漫画、スポーツ、日記などの無生物、ペットなどの生物、友人、好きな人、などを、乳幼児期からの移行対象の延長線上で考える見方がある。

母子一体の世界と、完全なる現実世界との中間で、いかに充分に内的に心を遊ばせ、現実世界と接点を持って適応していけるかが、ポイント！

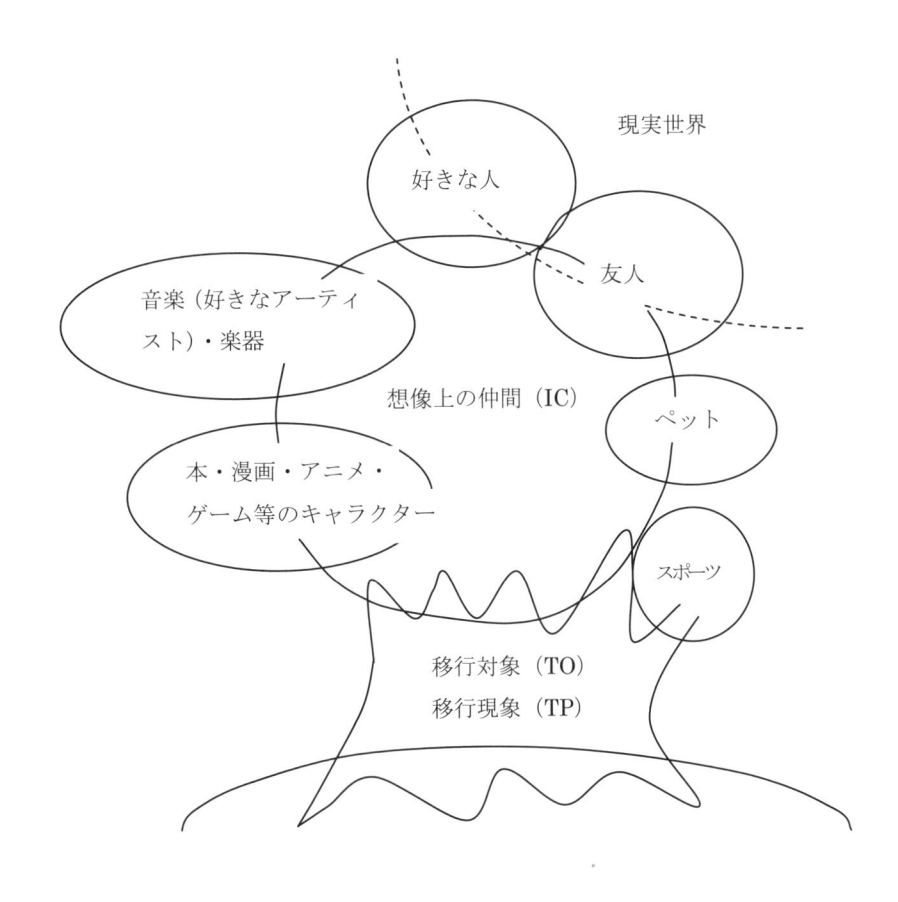

図中ラベル：
- 現実世界
- 好きな人
- 友人
- 音楽（好きなアーティスト）・楽器
- 想像上の仲間（IC）
- ペット
- 本・漫画・アニメ・ゲーム等のキャラクター
- スポーツ
- 移行対象（TO）
- 移行現象（TP）

図 4-3　慰めをもたらす母性的一次過程現存（森定，2001 より作成）

◆チャムの　5

特定の同性の友人は自分を映し出す鏡。友人を通して自分をみている。

チャムの中に発見しあった「自分」をもとに、お互いが自分の内面を投げかけあう関係を終え、それぞれが自分のものとして自分を見つめることができるようになる。

これが基盤となって、その後の新たな成熟した対人関係の形成へ。

→　"同じ"の安心感　から　"異なるもの"へ

　　ピアグループ：異なる個性を許容し、互いの異質性を認め合った上での友人関係。
　　成熟した異性関係へつながる。

☆**時代特有の問題**

女の子は、目標にしたい**モデルとなる人物**をなかなか見出せないことがある。

待ち受ける女性？男性性をうまく取り入れて、社会に進出する女性？どんなあり方ができるのか

> 人生のそれまでの発達課題において大きな積み残しがあったとしても、チャムシップをうまく形成してこの時期を乗り越えることで、その後の対人関係がうまく持てる可能性が高まる、とサリバンは言っている。また、家族以外の人と親密な関係を築くことは、青年期に異性との関係を築く第一歩でもある。

2）女の子の友人関係

> 公園デビュー、幼稚園デビューなどという言葉があり、お母さんグループにうまく入れてもらえるかが女性のストレスに大きく影響する時代。子どもをもつ年齢になっても、何らかの形で付き合っていく課題！

中高生の女の子たち（時には大学生も？）は、特定の友達と一緒に教室移動したり、トイレにいったり、お昼ご飯を食べたり・・・

→　女子高校生の98.7%が特定の同性の友人グループに属する（佐藤, 1995）らしい。
　　「お手洗いフレンド（天野, 1975）」などと命名されたりもする。
　　男性よりも女性に特徴的で、学校生活での適応を決めるポイントとも言われている。

三島（1997）によると…
　　"高親密性・高排他性"をもつグループ内では　| 6 |　が生じた時に、
　　逃げ場がなく、いじめが解決されずにターゲットが次々に交代していく可能性がある。

三好（1999）によると…
　　女の子グループの役割は、居場所が確保できる、悩みの相談ができる、など。
　　しかし、同時に、異質なものを排除して安定を維持しようとする傾向もある。

> お互い、相手の中に自分の影をみながら、同質な仲間同士で、悩み、時に喧嘩し、成長していく。

◆　影のない友人関係

　　あなたは友人に、自分の内面をどの程度みせていますか？　中学・高校時代はどうだった？
　　会話の中身は？

＊　クラスが変われば解散？その場限りの関係で一見サバサバしているが、葛藤はどこへいったの？と思われるような友人関係が増えている。

★　あなたを含めて、3人以上の友人と一緒にいる場面を思い浮かべてください。
　　その中で、もし自分が以下のような状況に置かれた時、どれくらい不安を感じますか？

表 4-2　仲間外れへの敏感さ尺度（青木，2011）

17 項目

1. 自分の知らない話題でみんなが盛り上がっている
2. みんなが笑っている中で自分だけ笑えない
3. 自分が話しているときに、みんなが携帯電話をさわり始めた
4. 遊びの計画があるのを自分は知らなかった
5. 自分だけ一緒に授業を取ろうと誘われていなかった
6. 自分以外のみんなが話していて、会話に参加しにくい
7. 気づいたら一人ぽつんとなっていた
8. みんなで行動しているとき、自分一人あぶれてしまった
9. みんなが盛り上がっているノリについていけない
10. 自分が話していることをみんながあまり聞いていないように感じた
11. 話を全くふられない
12. みんながワイワイしている中に入りづらく感じた
13. 自分が参加できないイベントの企画をみんなが立てている
14. 自分以外のみんなが先に一緒に帰っている
15. 飲み会などで、自分の居場所を見つけられない
16. 自分の知らないところで話が進んでいる
17. みんなでおそろいの物を自分だけ持っていなかった

これは、青木（2011）が作った、"仲間外れへの敏感さ尺度"で、得点が高いほど、仲間外れになりそうな場面で不安を感じる傾向が高いと言える。

青木によると、「同調性は高いが、心理的距離が遠い群（表面群）」が、もっとも仲間外れになりそうな場面で不安を感じる傾向が高いことがわかる。これは、一見、わいわいと一緒にいるようにみえるけれども、あまり内面をみせないという、現代青年について言われている見解と、一致した結果である。

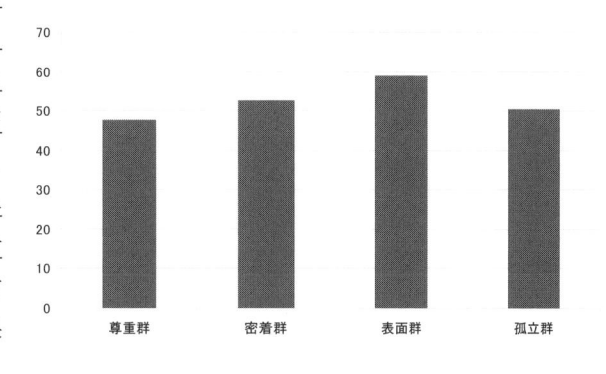

図 4-4　友人関係様式別の仲間外れへの敏感さ平均得点

| 7 | (岡田，1990)

現代青年特有の表面的なやさしさ、思いやり。
相手から拒否され、自分が傷つくのを恐れるあまり、真の友達関係を形成しようとしない。

★ 現代青年の友人関係の分類（岡田，2007）

　　8＿＿＿＿＿群　：　傷つけあうことを避け、円滑で楽しい関係を求めるタイプ。

　　9＿＿＿＿＿群　：　他人との内面的な関係を避け、自分にこもるタイプ。

　　個別関係　群　：　お互いの内面的な気持ちをさらけだしあう昔ながらの友人関係を志向するタイプ。

> 神戸で神戸連続児童殺傷事件※が起こった時、危険な茂みをなくそうとして地域の人たちが木を切ってしまった。しかし、子どもが成長するには適当な闇の体験がいるため、地域社会に適度な闇は必要なのだ。闇を排除するだけでは、闇との適当な付き合い方は学べない・・・・。

※神戸連続児童殺傷事件：1997年に神戸で起こった陰惨な事件（酒鬼薔薇聖斗事件）。当時14歳だった少年Ａが、小学6年生の男児を近所の高台に呼び出し殺害した。

≪日本におけるいじめの時代的変化≫

いじめの質も、友人関係の時代的変化に伴って変わったと言われる。どのように変わったのだろうか。

| 10 |　一定の人間関係のある者から、心理的・物理的な攻撃を受けたことにより、精神的な苦痛を感じているもの。

◆昔のいじめの特徴

（１）関係の [　11　] が分かりやすかった。

いじめっ子→それを取り巻く追随者→その他おおぜい→いじめられっ子

（２）[　12　] がターゲットになった。

◆現在のいじめの特徴

（１）特定のいじめっ子が主導するのでなく、[　13　] が曖昧なまま、集団やグループの内部に生じる相互作用によって生じるようになった。

（２）クラス内や友達グループの中など、閉じられた子ども集団の内部で起きる現象となった。

それまで仲間だったのが、突然 [　14　] 扱いされて排除される。

> 昔は「まれびと信仰」というものがあった。
> 　まれびととは外部からの来訪者で人々を祝福する霊的存在とみなされ、彼らに宿舎や食事を提供して歓待する風習が各地でみられた。
> 　よそからやってくる乞食のような汚らしい存在が、聖なる存在と重ねて考えられて手厚くもてなされたように、畏れと敬いとのアンビバレントな気持ちがそこには存在していた。
> 　このようにしてまれびとは、排除されることなくその存在を認められていたのだ。
> 　昔の人は、このようにして生のバランスを取ることを知っていたのかもしれない。

いろいろなタイプの異人が受け入れられる土壌があれば、変わった子、面白い子、弱い子がいても、いろいろな価値基準で評価し受け入れられるのだが・・・

現在は、異質なものへの寛容性が低下し、[　15　] が認められにくくなっている。

（３）[　16　] が曖昧になった。

いじめ、からかいや悪ふざけ、ジョーク、ゲームとの境目、恐喝や脅迫との境目が曖昧に。

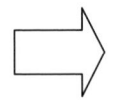

⇒ 加害者は「遊んでいただけ」「ふざけていただけ」と罪悪感が乏しい。
"いじめる"と"いじる"の境界が曖昧。"いじられ"キャラであることを芸能人が目指す傾向も、時代の反映と思われる。

（４）いじめ―いじめられの関係が流動的になった。
いじめられる側といじめる側とが入れ変わり、誰がいじめられるかは相対的・偶発的・恣意的。

　　ちょっとした差異を見つけてターゲットに・・・
　　差異が許容されない社会は生きにくいと思わないだろうか？

≪日本の社会的な背景≫

子どもが成長するには、家族、地域、学校等の周囲の人たちの支えが必要である。しかし、そういったつながりが急激に弱くなっている。自分の育った環境を、現代日本の特徴というマクロな視点から捉えなおし、現代の青年の友人関係の特徴とどのように関連しているか、再度考えてほしい。

西欧
確立した個人と個人が言葉によりはっきりつながる契約社会。
個人は神とつながっている。

日本
血縁、「イエ」というつながり、地域社会のつながりがあった。
⇩
西欧文化が流入して個人主義となったが、西欧のような確固たる神とのつながりがあるわけではない。個々が独立するのではなく、孤立してしまっている。

つながりが希薄になると、子どもを支える機能がうまく働きにくくなる。

（１）古典的な　│ 17 │　が解体した

⇒ 平準的で平等な大衆社会へ。差異がなくなっていった。

（２）産業構造の変化と教育制度との齟齬

以前の日本：農耕村落的な [18]

　全体の調和を大切にし、突出やはみだしを避け、集団的な協調が重んじられる稲作農業の長い伝統があった。

> この時代は、村八分や人身御供のように、非常に残酷な方法を駆使して全体の平和を守っていた。自分たちの「影」と、そのような形で付き合っていたのだ。
> 近代になると、野蛮な風習は行われなくなったが、「影」のはけ口をどこに持っていくのかが難しくなった。

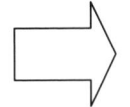

⇒ 農耕村落的な在り方は、産業構造の変化によって急激に解体した。

　地域の共同体や家制度は解体し、[19] が高まった。

　少人数を単位とした個別性の高い関係が築かれるようになった。

ところが・・・
教育制度は未だに集団主義的なシステムをとっているため、私たちの個人意識と齟齬が生じることとなった。

> 似たり寄ったりの人たちのいるグループの中で、小さな差異を見つけて異人に仕立て上げて、いじめの対象とするようになった。自分たちの「影」といかに付き合うのかは、とても難しいが私たち自身の問題である。

　教育制度を現代の人たちの意識に合わせて改革することも、差し迫った課題である。

コラム 4　前青年期におけるいじめと死

　小学 4〜5 年生頃になると、友人関係でも内面を見て付き合うようになり、相手の長所も短所も認知できるようになるものの、それらを消化する力には個人差も大きいものです。先生の内面も見えてきます。小学校低学年の頃は、先生が一緒に仲良くしてくれるのがうれしいという感覚でしたが、先生がどう考えて行動しているかに目が向き始めるので、「ひいき」に敏感になったりもします。また、自我体験の体験のされ方にも個人差があります。そのため、それ以前とは質的に異なる友人関係のいざこざが起こりやすく、仲間関係を結びにくい子や、「ひいき」されている子などが孤立したり、独自の世界観が強い子がいじめに遭ったりしやすい時期でもあります。

　2004 年、友人関係のもつれから、実際に友人を殺してしまう痛ましい事件があったのをご存知でしょうか。仲良しグループの女児が、加害者と被害者になり、お昼休み時間に、6 年生の女児が同級生の女児を刃物で切り、死亡させたのです。女児らは、交換日記仲間でありチャット仲間であり、ネット上ではニックネームを使ってはいたものの、誰が何を言ったかわかるようなやりとりがなされており、匿名性のないかかわりを日常生活以外に持っていたことになります。加害女児は、頑張り屋で勝気だという意見もありますが、日記を何種類も回したり、ホームページ立ち上げを企画したりするなど、気遣いをする役割を引き受けていました。好きだったクラブ活動を親に辞めさせられて鬱憤がたまっていた時期でもあったようです。

　昨今は小学生でも、インターネットや携帯メールでやりとりすることが増えました。直接話して処理できないネガティブな感情が、匿名性が守られないままインターネット上に持ち込まれると、内面をみる力が育ってきたとはいうものの、本来は内的に処理されるはずの無意識的な死・破壊性のテーマが、現実にもれてきてしまうこともあるのです。

≪参考文献≫

　青木咲樹 (2011)：大学生の友人関係における「仲間外れへの敏感さ尺度」作成の試み．日本心理臨床学会第 30 回発表論文集，312..

　天野隆雄 (1975)：女子生徒の心理とその教育．早稲田大学出版部．

　遠藤由美 (2000)：青年の心理　ゆれ動く時代を生きる．サイエンス社．

　藤井恭子 (2001)：青年期の友人関係における山アラシ・ジレンマの分析．教育心理学研究，49，146-155．

　岩宮恵子 (2009)：フツーの子の思春期．岩波書店．

　河合隼雄 (1999)：いじめと不登校．潮出版社．

　小泉仰・慶応義塾大学価値意識研究会 (1984)：子供たちから見た世界—家族・自己・友人・学校—．勁草書房．

三島浩路（1997）：対人関係能力の低下といじめ．名古屋大学教育学部紀要（心理学），44，3-9．

三好智子（1999）：女子友人グループについての理論的考察．京都大学大学院教育学研究科紀要，45，353-361．

森定美也子（2001）：思春期における慰める存在．心理臨床学研究，19（5），535-541．

長尾博（1997）：前思春期女子のchum形成が自我発達に及ぼす影響―展望法と回顧法を用いて―．教育心理学研究，45（2），203-212．

西村美東士（1995）：若者にとってのネットワーク形成の困難と可能性．高橋勇悦監修：都市青年の意識と行動．恒星社厚生閣，155-174．

岡田努（1990）：ともだちができない子どもたち．こころの科学，32，27-31．

岡田努（2007）：大学生における友人関係の類型と，適応及び自己の諸側面の発達の関連について．パーソナリティ研究，15（2），135-148．

岡崎勝・保坂展人編（2005）：思春期をむかえる子と向きあう　佐世保事件からわたしたちが考えたこと．ジャパンマシニスト．

大野久（2009）：エピソードでつかむ青年心理学．ミネルヴァ書房．

落合良行（1999）：孤独な心―淋しい孤独感から明るい孤独感へ．サイエンス社．

佐藤有耕（1995）：高校生女子が学校生活においてグループに所属する理由の分析．神戸大学発達科学部研究紀要，3（1），11-20．

須藤春佳（2009）：前青年期の親友関係「チャムシップ」に関する心理臨床学的研究．風間書房．

滝川一廣（2004）：新しい思春期像と精神療法．金剛出版．

矢野喜夫・落合正行（1991）：発達心理学への招待．サイエンス社．

チャットモンチー　モバイルワールド【JASRAC 出 1214671－201】

第5章 親子関係の発達的変化

【学びのポイント】　現在の親子関係はどのようなものだろうか。物理的・精神的に依存していた親からどのように自立していくのかを学び、親子関係の変化を振り返ってみよう。

親からはどんな目でみられている？
「もう子どもではないし・・・」「まだ大人ではないのだから・・・」
その時々で言われることが違う矛盾を体験したことは？
親と一緒にいるところを友達にみられるのを恥ずかしいと感じたことは？

どうして泣いているの
どうして迷ってるの
どうして立ち止まるの
ねえ教えて
いつから大人になる
いつまで子供でいいの
どこから走ってきて
ねえどこまで走るの

居場所がなかった　見つからなかった
未来には期待出来るのか分からずに

いつも強い子だねって言われ続けてた
泣かないで偉いねって褒められたりしていたよ
そんな言葉ひとつも望んでなかった
だから解らないフリをしていた

どうして笑ってるの
どうしてそばにいるの
どうして離れてくの
ねえ教えて
いつから強くなった
いつから弱さ感じた
いつまで待っていれば
解り合える日が来る

もう陽が昇るね　そろそろ行かなきゃ
いつまでも同じ所には　いられない

人を信じる事って　いつか裏切られ
はねつけられる事と同じと思っていたよ
あの頃そんな力どこにもなかった
きっと　色んなこと知り過ぎてた

いつも強い子だねって言われ続けてた
泣かないで偉いねって褒められたりしていたよ
そんな風に周りが言えば言う程に
笑うことさえ苦痛になってた

一人きりで生まれて　一人きりで生きて行く
きっとそんな毎日が当り前と思ってた

浜崎あゆみ　Ａ Ｓｏｎｇ ｆｏｒ ＸＸ

> 親の期待、周りの期待…評価にあえぎながら、自分がどう生きるのかを模索して、走り続ける。そんな頑張りすぎる若者が、増えているのかもしれない。

1）親の世界・子の世界

大人になろうとする時、親から守られ、受け入れてきた世界を一度破壊し、自分なりの世界をみつける

すると ⬇

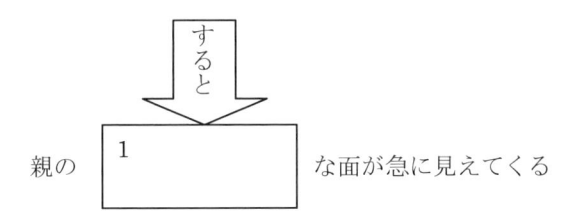

親の [1] な面が急に見えてくる

　青年期は、内なるイメージの影響を受けやすい時期。
　実際の親の姿というよりは、自分の心の中の親のイメージ。
　個人的な父や母を超えた、父なるイメージ、母なるイメージ。

これらのイメージと [2] し、いかに乗り越えるのかが親子関係での課題となる。

◆ [3] 　great mother　「元型」の一つ。元型については第３章を参照。

　母なるもの。全ての人の心の中にある。個人の母親を超えた普遍的イメージ。
　子どもの発達に従って、そのイメージは変化していく。

◆肯定的側面 ： 子を生み、抱え、養う。　　やさしい母親　美しい妖精・女神　など

◆否定的側面 ： 子どもを抱え込みすぎ、自立を妨げる。呑み込み死に至らしめる
　　　　　　　　　　　　　　　　　　　　邪悪で恐ろしい継母　魔女　など

♡ 内なる母のイメージのあり方によって、母親元型が**創造的**にも**破壊的**にも働く。

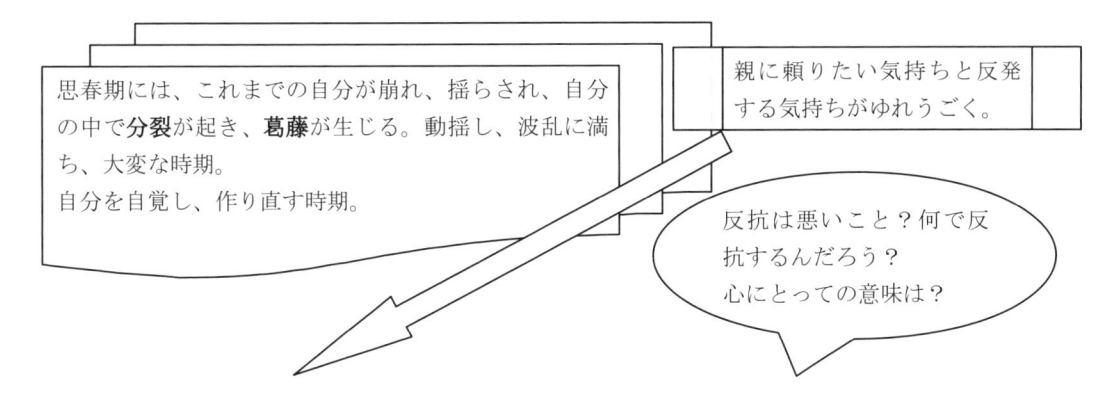

思春期には、これまでの自分が崩れ、揺らされ、自分の中で**分裂**が起き、**葛藤**が生じる。動揺し、波乱に満ち、大変な時期。
自分を自覚し、作り直す時期。

親に頼りたい気持ちと反発する気持ちがゆれうごく。

反抗は悪いこと？何で反抗するんだろう？
心にとっての意味は？

娘は一時期、**父親**を大嫌いになることが多い。**母親**ともけんかすることが多い。
　　＝　親から精神的に離れ、自立するための過程。

父　「男性」という側面をおぞましく思う。思春期を過ぎると、父親を再評価するようになる。

母　いくら反抗しても、この人は見捨てないという安心感。

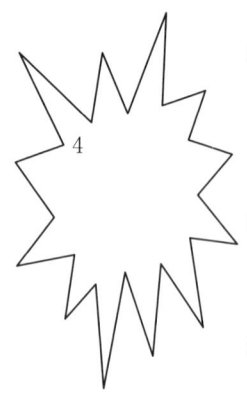

①　これまで親と心理的に一体化していた
　　→　**自分の力を試す時期・自我の目覚め。自己の確立。**
　　　　反抗期は、自分で意図し計画し、障害を克服し、実行できる力をつける時期！
②　理屈ぬきで腹が立つ時期でもある。
　　大人のウソにも腹が立つし、心身ともに変化していく中でモヤモヤしたやり場のない怒りもわいてくる。
③　何か途方もないことをせずにはいられない時期。
　　精神的・身体的な変化に伴う内面の混乱。それをどうにかして表現したい。

反抗は<u>メッセージ</u>でもある。ただし、どなったり暴れたりするのは、**方法としては未熟**。

「助けてくれ」「分かってほしい」ばかりではない。
「近づかないでくれ」「世の中に対して腹が立つんだ」「大人は嫌いだ！」かもしれない。

無反抗な場合　・・・　自己が確立していくのに、周囲と摩擦がないとはどういうことだろう？

２）親からの分離個体化過程

あなたは親からどんな風に自立してきただろうか、見直してみよう。
高校生活では、家庭外の世界が広がる。
安定した心の基盤がないと世界を広げるのはむずかしい。
あなたの心の拠り所はどのようなものだっただろうか？

> エリクソンを精神分析の道に誘った人。
> エリクソンはモラトリアムの時期を経験
> していた時に、精神分析と出会った。

ここで、ブロス，Pによる青年期の"分離個体化の過程"をみてみよう。

◆ [5] の分離個体化（ブロス，P）

親（養育者）との関係の流れをみてみよう。（長尾，1991より作成）

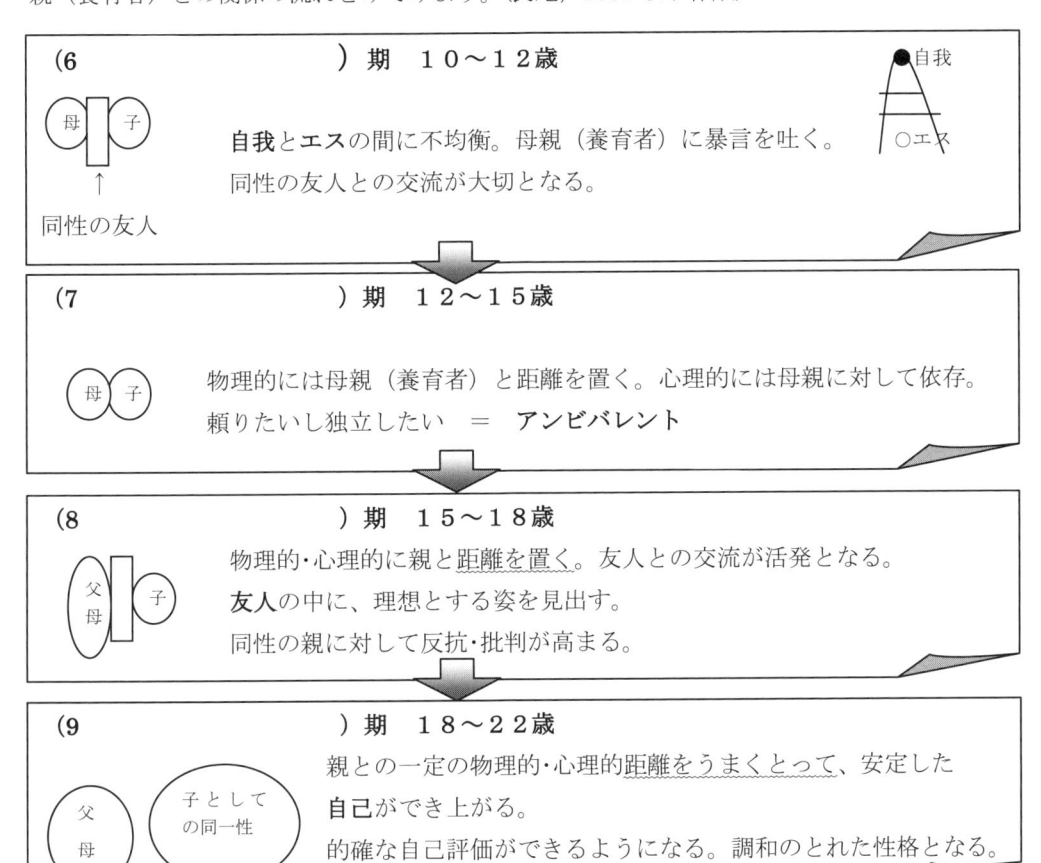

（6　　　）期　10～12歳

母｜子
↑
同性の友人

自我と**エス**の間に不均衡。母親（養育者）に暴言を吐く。
同性の友人との交流が大切となる。

●自我
○エス

（7　　　）期　12～15歳

母子

物理的には母親（養育者）と距離を置く。心理的には母親に対して依存。
頼りたいし独立したい　＝　アンビバレント

（8　　　）期　15～18歳

父母｜子

物理的・心理的に親と距離を置く。友人との交流が活発となる。
友人の中に、理想とする姿を見出す。
同性の親に対して反抗・批判が高まる。

（9　　　）期　18～22歳

父母　子としての同一性

親との一定の物理的・心理的距離をうまくとって、安定した
自己ができ上がる。
的確な自己評価ができるようになる。調和のとれた性格となる。

▷ その後・・・　親を、**良い面**も**悪い面**ももった全体としてとらえられる。

つまり・・・　　青年期は、自分の [　　10　　] を確立する時期。

ここまでの**発達段階**の課題が未解決な場合、その課題に再度直面させられる。

> そういう意味での**混乱**も生じる時期

全面的に自分を作り直す時期！自分作りには、安定した**基盤**が必要。

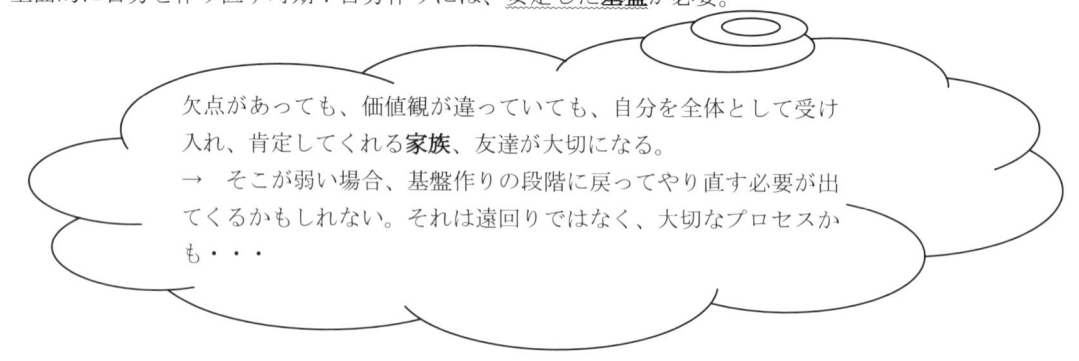

> 欠点があっても、価値観が違っていても、自分を全体として受け入れ、肯定してくれる**家族**、友達が大切になる。
> → そこが弱い場合、基盤作りの段階に戻ってやり直す必要が出てくるかもしれない。それは遠回りではなく、大切なプロセスかも・・・

3）心理的自立の多面性

自立って何だろう？

青年期が長期化した現代においては、経済的自立がゆっくりになっているが、それを含めて、親との関係における課題に、心理的にどう対処するのか、が大切になる。

表5-1　思春期・青年期における自立　　(Hoffman, 1964による分類)

1. 機能的自立　functional independence
   両親の援助なしに個人的で実際的な問題を管理し、それに向かうことのできる能力
2. 態度的自立　attitudinal independence
   青年と両親との間の態度や価値、信念などに関する分化
3. 感情的自立　emotional independence
   両親からの承認、親密さ、一緒にいたい気持ち、感情的なサポートなどについての過度の欲求にとらわれていないこと
4. 葛藤的自立　conflictual independence
   両親との関係の中で過度の罪悪感、不安、不信、責任感、抑制、憤り、怒りの感情を抱いていないこと

(平石，2008)

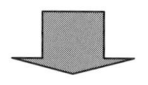

自立しているかどうかは、様々な側面から考えることができる。
4つの側面、あなたは親との関係で、どのような状態にあるだろうか。

> 最近、反抗期のない若者が多いと言われる。親と友達のような関係だったり、親が叱るべき時に叱れず、壁になれない関係だったり…。この章の「母と娘の関係」の項で考えてみよう。
> 親のペルソナが強い場合や、機能不全家族に育った場合などには、子どもは「本当の自己」と「偽の自己」を見分けることが難しくなり、反抗という形で自己主張しにくいこともある。

4）母と娘の関係

第3章で、母と娘は近づきすぎるのも遠ざかりすぎるのも難しいという、幼児期の分離の難しさをとりあげた。

→ 思春期・青年期にも似たようなことが起こってくる。
どの母親も娘を、どの娘も母親を、自分の中に含んでいる。（Jung）

「お母さんと自分、なんとなく似ている。だからお母さんをみていると何だかイライラする〜」なんてことは、ないかな。

◆ [11] 母娘（信田, 1997）
姉妹に間違われるくらい仲良しの、母親と娘の密着した関係。
服やアクセサリーを共有したり、恋愛話を相談しあったり、スポンサーは母でショッピングを楽しんだり…
[12] 化・[13] 不在の環境の中で、母親が中年期を楽しく生き、娘のほうも表面的になりがちな友人関係で得られないものを母親との関係で補っているような関係。

↑
| ハッピーな関係に見えるけれど、どのように分離するのかが問題！|
↓
「娘の結婚」を機に、母親が娘に捨てられたり、娘が母親を捨てられなかったり、背後に病理が開花する可能性と隣り合わせ。

> いくら仲がよくても、養育者と養育されるもの、大人と子供という基本的な枠組みはしっかりと維持されねばならない。

≪病理的な関係をタイプ化すると。。。(信田，2008)≫

① [14]　　　　　　　としての母—従者としての娘：母の言うとおりに動かないと、母親が不安定になったりして、家事が滞るので、従うしかない関係。

② 殉教者としての母—永遠の罪悪感にさいなまれる娘：「ずっと我慢してきたのよ」と、何かのために犠牲になり、自分の犠牲のおかげでやっていけるというメッセージを出し続ける母と、それに [15]　　　　　　　を感じる関係。

③ 同志としての母—絆から離脱不能な娘：[16]　　　　　　　とも思わず、どんどんと学歴競争などのレールを引き、娘を当たり前のように頑張らせ、ともに闘っているような関係。

④ 騎手としての母—代理走者としての娘：自分の [17]　　　　　　　を娘に託す形で闘わせる関係。

⑤ [18]　　　　　　　する母—芽を摘まれる娘：娘が人生で喜びを味わうたびに「いい気になるんじゃないよ」とつぶしていく。

⑥ スポンサーとしての母—自立を奪われる娘：親の [19]　　　　　　　を当てにしなければ生活がなりたたない若者と、豊かな経済力を使って娘を束縛する関係。

> 甘やかされることは子どもにとって快適であるが、そうすればするほど、どこかで母親の厳しい態度、考え方を示すようにせねばならない。

★デーメテールとペルセポネーの神話★

デーメテール：レアーとクロノスの間に生まれた。兄のゼウスの4番目の后となる。大地の母
ペルセポネー：デーメテールの娘

ある日ペルセポネーが野原で花を摘んでいると、突然地面が割れ、冥界の王ハーデスが現れて彼女を誘拐した。彼女は父ゼウスの救いを求めて泣き叫んだが何の返事もなく、嫌々ハーデスの妻にされてしまった。

デーメテールが娘を探して世界中を遍歴する間、大地の母が天界に不在であるため、作物が実らず人類は飢饉で滅びそうになった。そこでとうとうゼウスが乗り出し、ハーデスに娘を返すように命じた。

ところがペルセポネーは冥界のザクロの実を口にしていたため、冥界の掟に従い、一年の3分の1は冥界で、残りの3分の2を天界でデーメテールと過ごすようになった。

こうして、ペルセポネーが母の元にいる間は大地が実りをもたらし、残りの時期は枯れ果てるようになった。

> 緊密な母娘結合は、男性によって破られねばならない。

この神話は、娘の自立の話として解釈されている。
冥界の王ハーデス・・・母娘の結びつきを打ち砕く者として現れる

> 娘との分離を、健康な感覚で嘆くことのできる母親は、分離した娘との間でより高度な再結合をはかることができる

娘が母親からうまく分離していくには　20　　　　　（ウイニコット）が必要だと言われる。

母親に甘え、　21　　　　の中で不安を和らげる　　┐
　　　　　　　　　　　　　　　　　　　　　　　　├ ほどよい育児
　　　　◇ 両方とも大切なもの ◇　　　　　　　　│
母親の厳しい態度により、　22　　　　を試みる。　┘

　時には接近し密着することもなく、厳しく突き放すこともなく、子どもの自立性に任せつつ、温かく見守ること。

> ここで必要なのは、母親の情緒が安定していることと、母親を背後から支える父親の存在。

5）父と娘の関係

　娘が最初に出会う異性である、父親。
　父と娘の間には、どんな関係がありうるだろうか。

　娘が父親から何を期待されているかを敏感に察知しようとすることで、女性ならではの性役割観や性同一性に影響を受ける。
　しかし、父親自身、男性として・父親としてどのように生きるか、というテーマを抱えて生きており、そのテーマにゆっくり向き合う機会がないと、家庭での父親は、封建的で情緒的交流に欠け権威的で厳しかったり、夢を追い求めて現実逃避する生き方となったり、外では弱気で逆らえず鬱憤のはけ口を家庭に求め飲んだくれて管を巻き妻が苦労していたり・・・、という形で現れたりする。
　娘は、父親の知的・情緒的能力、父母の夫婦関係、などを敏感に察知し、それに合わせたり、反発したりしながら、異性観を形成していく側面もある。

レナードは、父との関係でうまくいかなかった経験をもとに様々なケースを分析し、大きく二つの病理的なパターンを見出しました。

① | 23 |　puella aeterna

　年齢にかかわらず、心理的には少女のまま。依存状態にあり、「他人に求められる自分」という側面のみしかない。自分自身の生き方を引き受けていけない。

　男性が女性に抱く幻想を取りいれ、幸福そうだが内面は脆い「かわいい人形」タイプ。
　か弱く引っ込み思案で、ファンタジーの世界に生きる「ガラスの少女」タイプ。
　自由気ままでスリルを求め、方向性のない「女ドンファン」タイプ。
　いろいろと厄介な父を恥に思い社会に背を向ける「はぐれ者の女」タイプ。

② | 24 |

　無責任な父を埋め合わせしようとして過剰に頑張る「スーパースター」タイプ。
　義務に拘束されて、ペルソナに乗っ取られて生きる「律儀な娘」タイプ。
　マゾヒスティックで自己否定的で召使のように生きる「殉教者」タイプ。
　弱い父への反発から、自分が男性性を取り入れて頑張ろうとする「戦士の女王」タイプ。

(例) 中川翔子
故き父親の影響で特撮物などが好きになったが、女の子と趣味が合わずいじめに遭う。
父親に反発できず、自分を隠して、芸能活動をしたが、抑うつ的に…
趣味もすべて自己開示する方向に変えていく中で、父との関係を見つめなおした。

コラム5　「秋葉原事件」にみる親子関係

　残念なことですが、ニュースでは痛ましい事件をよく耳にします。そのような事件を起こしたのは本人であり、親子関係がすべてではありません。しかし、事件を起こしてしまった青少年や成人の幼少期の生い立ちをみることは、親子関係において何が大切なのかを考えるきっかけになります。

　2008年6月、歩行者天国でにぎわう秋葉原に25歳の青年がトラックで突入し、ダガーナイフで歩行者を無差別に襲い、7名の命を奪いました。犯人は名門高校を卒業後職を転々とし、その後半年ほど働いた職場でも徐々にうまくいかなくなっていたようです。掲示板だけに依存する生活でしたが、事件を起こす頃にはネットでつぶやいても誰からも応えてもらえず孤立していました。事件を起こして初めて、「（捜査官が）初めてきちんと話をきいてくれた」と語っています。

　父親は金融機関の管理職、母親は名門高校出身で、2人兄弟。平均的か、むしろ恵まれた家庭のように見えます。しかし、事件を起こした青年と実弟の話を総合すると、次のような親子関係が浮かび上がります。

　彼が小学校中学年くらいの時、食べるのが遅いと母親は、新聞のチラシを床に敷いて、食べ物をひっくり返し食べろと言ったことが何度もあるそうです。母親は、彼が小学校低学年の頃から「北海道大学工学部に行くように」と過度の期待をかけており、常に完璧を求め、作文は、一言書くと「ダメ！」と原稿用紙を捨てられた、男女交際を許さず、女の子から来たハガキを見せしめのようにいつも貼っていた、などのエピソードも聞かれます。

　また父親は、そのような母親を「妻から私が子育てするから黙ってくれと言われ、口を出さなくなった」と述べたと言います。

　核家族化・少子化の進む中、子育て・子離れをどのようにしてよいか悩む母親と、まだまだ女性中心の育児に対してどのように介入してよいかわからない父親が多いように思います。しつけと虐待の境界線について、もう一度、考え直してほしいと思います。

（碓井, 2008に基づいて作成）

≪参考文献≫

　平石賢二（2008）：思春期・青年期のこころ．北樹出版．

　人見一彦（1988）：女性の成長と心の悩み　女子大生の自分史を通して．創元社

　Hoffman, J.（1984）：Pscychological separation of late adolescents from their parents. *Journal of Counseling Pscychology*, 31, 170-178.

春日由美(2000)：日本における父娘関係研究の展望―娘にとっての父親―. 九州大学心理学研究,
　　1，157-171.
河合隼雄（1996）：おとなになることのむずかしさ．岩波書店．
長尾博（1991）：ケース青年心理学．有斐閣．
信田さよ子（1997）：一卵性母娘な関係．主婦の友社．
信田さよ子（2008）：母が重くてたまらない―墓守娘の嘆き．春秋社．
菅佐和子（1996）：「永遠の少年」の娘たち．星和書店．
高石浩一（1997）：母を支える娘たち．日本評論社．
玉谷直美（1985）：女性の心の成熟．創元社．
碓井真史（2008）：誰でもいいから殺したかった！追い詰められた青少年の心理．ベスト新書．

浜崎あゆみ　A Song for XX　【JASRAC 出 1214671－201】

第6章 アイデンティティの形成

> 【学びのポイント】 「私とは何者か」。これは、自我をもった人間にとって形は違えどやってくる問いである。大学生になり、社会との接点を含めて自分をどのような存在として捉えているか考えてみよう。

自我同一性地位テスト

以下のそれぞれの文を読み、その内容が現在のあなたの気持ちや生き方にどのくらいあてはまるかを、選択肢に○をつけて答えてください。

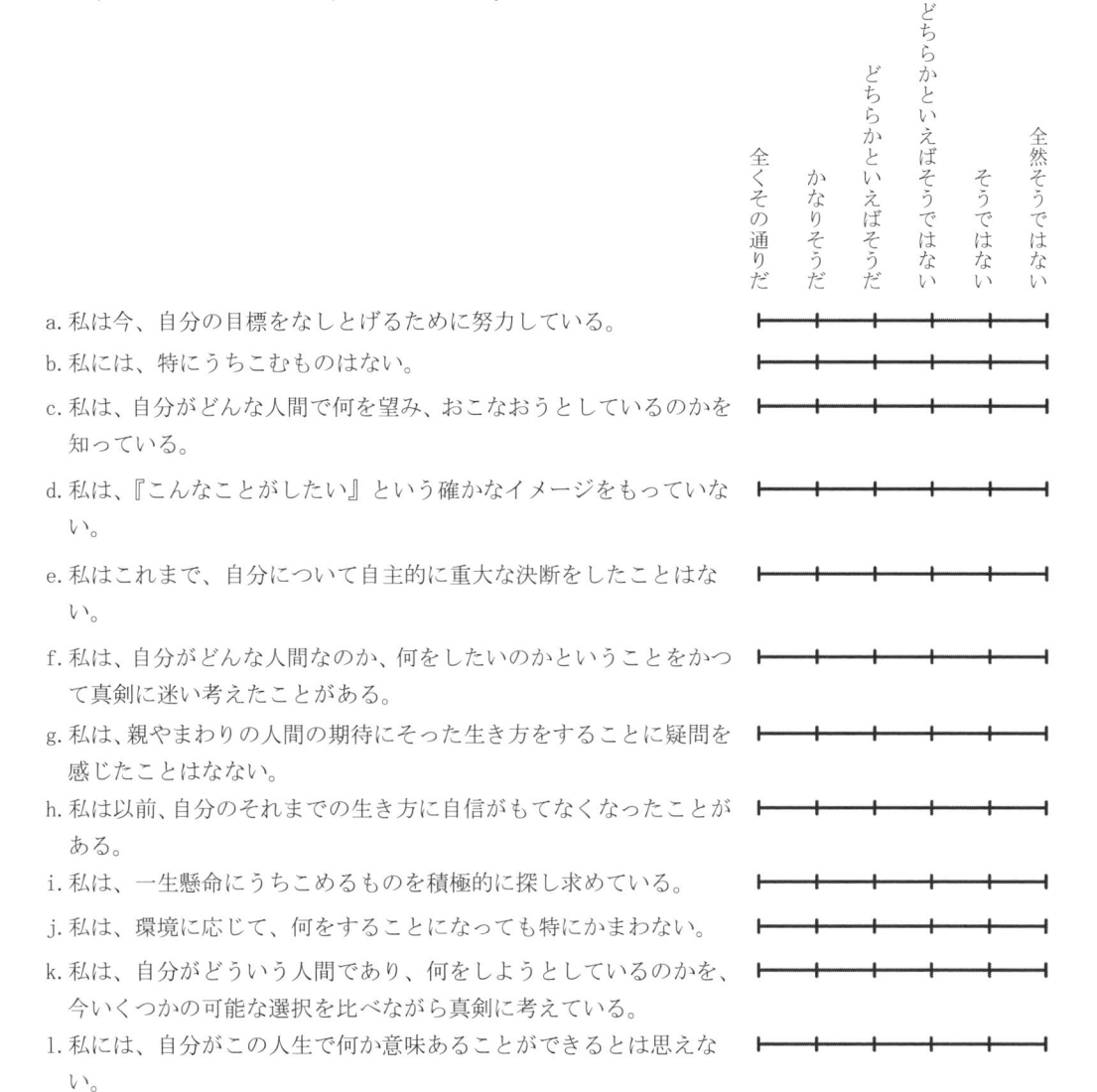

選択肢:
- 全くその通りだ
- かなりそうだ
- どちらかといえばそうだ
- どちらかといえばそうではない
- そうではない
- 全然そうではない

a. 私は今、自分の目標をなしとげるために努力している。

b. 私には、特にうちこむものはない。

c. 私は、自分がどんな人間で何を望み、おこなおうとしているのかを知っている。

d. 私は、『こんなことがしたい』という確かなイメージをもっていない。

e. 私はこれまで、自分について自主的に重大な決断をしたことはない。

f. 私は、自分がどんな人間なのか、何をしたいのかということをかつて真剣に迷い考えたことがある。

g. 私は、親やまわりの人間の期待にそった生き方をすることに疑問を感じたことはなない。

h. 私は以前、自分のそれまでの生き方に自信がもてなくなったことがある。

i. 私は、一生懸命にうちこめるものを積極的に探し求めている。

j. 私は、環境に応じて、何をすることになっても特にかまわない。

k. 私は、自分がどういう人間であり、何をしようとしているのかを、今いくつかの可能な選択を比べながら真剣に考えている。

l. 私には、自分がこの人生で何か意味あることができるとは思えない。

◆ 結果の計算方法と解釈

以下の**計算式**に各問いの得点をあてはめて計算してください。

| まったくその とおりだ＝**6**点 | かなり そうだ＝**5**点 | どちらかといえば そうだ＝**4**点 | どちらかといえば そうではない＝**3**点 | そうでは ない＝**2**点 | 全然そう ではない＝**1**点 |

≪計算式≫

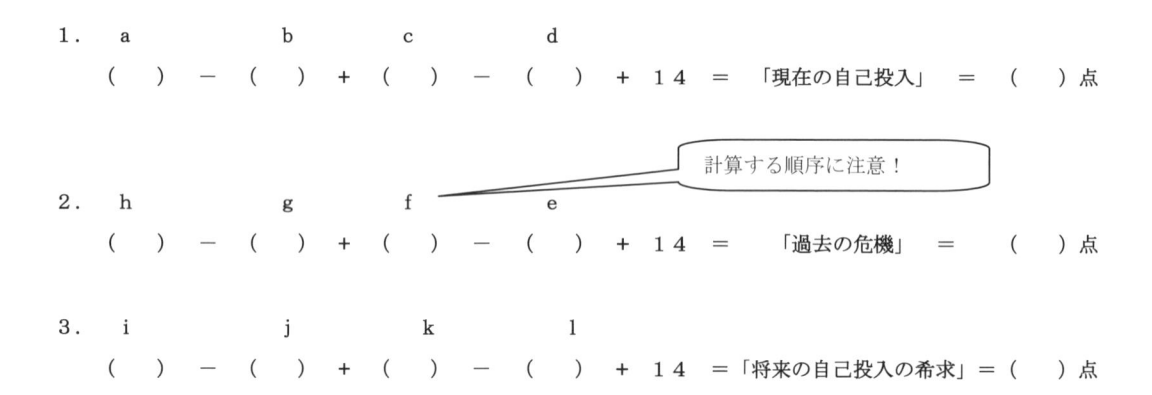

1.　　a　　　　b　　　　c　　　　d
　　（　）－（　）＋（　）－（　）＋14＝「現在の自己投入」＝（　）点

> 計算する順序に注意！

2.　　h　　　　g　　　　f　　　　e
　　（　）－（　）＋（　）－（　）＋14＝「過去の危機」＝（　）点

3.　　i　　　　j　　　　k　　　　l
　　（　）－（　）＋（　）－（　）＋14＝「将来の自己投入の希求」＝（　）点

≪自我同一性地位≫

流れ図の中から、自分のあてはまる地位を探してみよう。

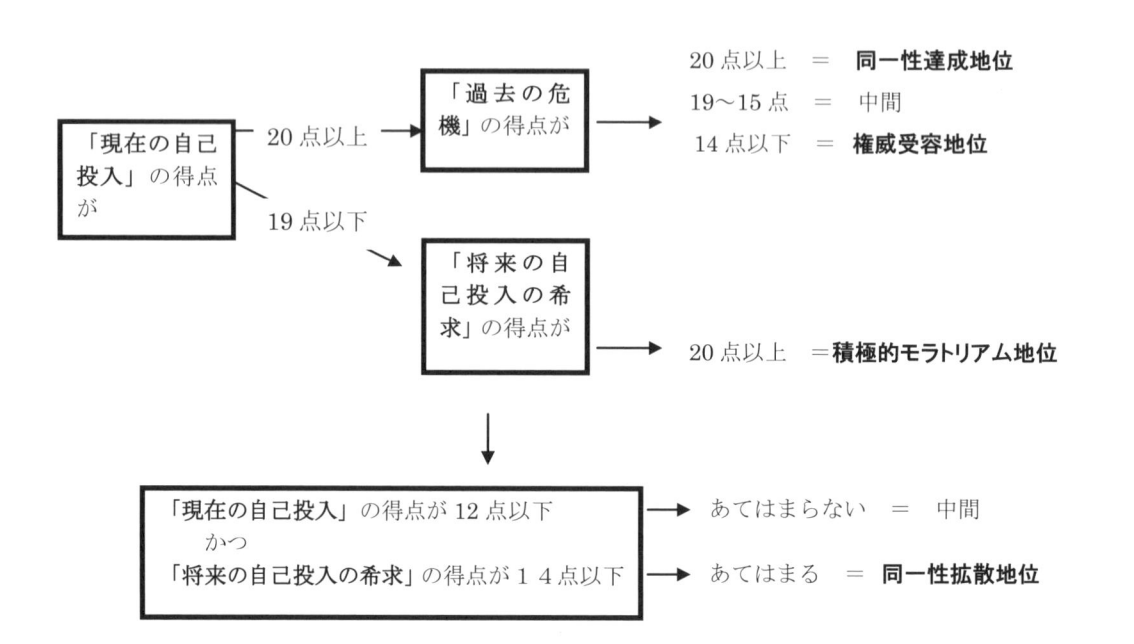

「現在の自己投入」の得点が
- 20点以上 → 「過去の危機」の得点が
  - 20点以上 ＝ **同一性達成地位**
  - 19〜15点 ＝ 中間
  - 14点以下 ＝ **権威受容地位**
- 19点以下 → 「将来の自己投入の希求」の得点が
  - 20点以上 ＝ **積極的モラトリアム地位**

「現在の自己投入」の得点が12点以下
かつ
「将来の自己投入の希求」の得点が14点以下
- あてはまらない ＝ 中間
- あてはまる ＝ **同一性拡散地位**

* どうだっただろうか？
　自分のアイデンティティの地位はどこにあるんだろう。　参考にしてみてほしい。

表6－1　自我同一性地位テストにより判定される6つの同一性地位

1. 同一性達成地位（A）	過去に高い水準の危機を経験した上で、現在高い水準の自己投入を行っている者。
2. 権威受容地位（F）*	過去に低い水準の危機しか経験せず、現在高い水準の自己投入を行っている者。
3. 同一性達成 - 権威受容中間地位（A-F中間地位）	中程度の危機を経験した上で、現在高い水準の自己投入を行っている者。
4. 積極的モラトリアム地位**（M）	現在は高い水準の自己投入は行っていないが、将来の自己投入を強く求めている者。
5. 同一性拡散地位（D）	現在低い水準の自己投入しか行っておらず将来の自己投入の希求も弱い者。
6、同一性拡散 - 積極的モラトリアム中間地位（D-M中間地位）	現在の自己投入の水準が中程度以下の者のうちで、その現在の自己投入の水準が同一性拡散地位ほどには低くないが、将来の自己投入の希求の水準が積極的モラトリアム地位ほどには高くない者。

*　マーシャのForeclosureという地位は、早期完了、予定アイデンティティ、打ち切りなどと訳される場合、フォークロージャーとそのまま表記される場合も多い。
**　マーシャのMoratoriumという地位は、モラトリアムとそのまま表記されることも多い。

（加藤,1983に基づいて作成）

≪「私とは何か」：年齢を追った向き合い方≫

　年齢によって質的に違った向き合い方があり、順を追って、アイデンティティの確立に至る。

☆2～3歳　　第一次反抗期　⇒　イヤイヤ期。手出しされることに反抗することで自分を確かめる。

☆10歳前後　抽象的思考を獲得する時期　⇒　自我体験（哲学的な問い）。
　　　　　　　　　　　　　　　　　　　　　　←　第2章を参考に

☆14歳前後　第二次反抗期　⇒　身体との出会い、親からの心理的自立
　　　　　　　　　　　　　　　　　　　　　　←　第5章を参考に

☆17歳　　　様々なモデルをもとに社会との妥協点の模索
　　　　　　　※　ただし現代の日本ではこの時点であまり積極的に様々なモデル経験ができないのが実情。

≪青年期の発達課題≫

アイデンティティ　対　アイデンティティ拡散（混乱）

> **アイデンティティ　（同一性）**　　　エリクソン（Erikson,E.H.）の定義
> ① **自己の斉一性**：どんな状況でも、この自分は独自で固有なこの人である、と自他ともに認められる
> ② **時間的な連続性と一貫性**：ずっと一貫して同じ自分であると自覚している
> ③ **帰属性**：ある社会集団に属し、そこに一体感をもち、他の成員からも認められている

＊アイデンティティの達成
　　「自分に対する確認」などの肯定的な側面　┐
　　　　　　　　　　　　　　　　　　　　　　├ このバランスから成っている
　　「自分に対する不確実さ」などの否定的な側面┘

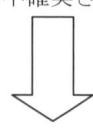

⬇　否定的な側面の比率が高まると・・・

アイデンティティ拡散状態とは？

(1)　| 1 |　の拡散：将来に対して明るい見通しや展望が見出せない。

(2)　否定的アイデンティティ：非行・犯罪等「悪」に自らかかわることで拠り所を見出そうとする。

(3)　| 2 |　の拡散：勉強や仕事、生活に対する意欲を失い、無気力な状態。

(4)　両性的拡散：自分の性別への確信に欠け、親密な関係をもてなくなる。

(5)　権威の拡散：役割に応じて人に従ったりリードしたりができなくなる。

(6)　理想の拡散：人生の拠り所となる理想や信念、人生観が失われている状態。

否定的アイデンティティ──非行（反社会的行動）　　　　　　　　　　（永井，2008より）

　社会の中で傷つき、うまくいかない思いを反社会的な行動で表現し、居場所を見つけようとするあり方が非行であるが、時代の変化とともにその質も変化している。

　戦後の貧困の中では生き抜くためのスリなどが多かった。その後、急速な経済復興による価値観が混乱によって社会に敵意を抱く反抗型の非行である傷害や暴行などが増加した。

　さらに高学歴志向や親の過剰な期待によって不安感が増し、目標喪失を背景に抱える、万引きなどの形でSOSを出すケースが出てきた。最近は、傍目には「普通の子」が強盗・傷害致死など重大事件を起こすケースが増えており、空虚な自己を埋めたり自分の存在確認のための「自己確認型」の非行が多くなっている。普通にみえても深刻な問題を抱えていたり、いきなりに思えても子どもなりのサインを出していることも多いことから、安易に普通と考えないようにしたい。

	1	2	3	4	5	6	7	8
Ⅷ 老年期								統合 対 絶望 知恵 (wisdom)
Ⅶ 成人期							世代性(生殖性) 対 停滞 世話 (care)	
Ⅵ 成人前期						親密 対 孤立 愛 (love)		
Ⅴ 青年期					アイデンティティ 対 アイデンティティ拡散 忠誠 (fidelity)			
Ⅳ 学童期				勤勉性 対 劣等感 有能 (conpetence)				
Ⅲ 遊戯期			自主性 対 罪悪感 目的 (purpose)					
Ⅱ 幼児期初期		自律性 対 恥、疑惑 意志 (will)						
Ⅰ 乳児期	基本的信頼 対 基本的不信 希望 (hope)							

(注) プラスの力 対 マイナスの力 人間的活力

図6-1 エリクソンの発達図式（エリクソン,1983に基づいて作成）

◆健康な自己愛 と アイデンティティ形成

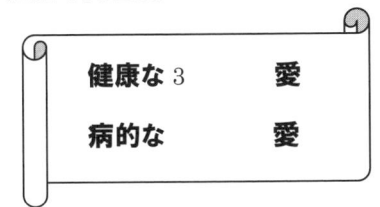

健康な 3 愛
病的な 愛

◆病的な自己愛

以前は、「**自己愛**は成長過程の中で減少していくもので、大人になっても残っている自己愛は病的なものである」とみなされていた。　→　ナルシス神話

うぬぼれ、わがまま、煩悩(ぼんのう)。
「自分を守る、変えたくない、相手に関心を向けない、援助を受けたくない」

ところが・・・
「自己愛にも、健康なものがある」という見方がでてきた。（フェダーン　Federn,P.）

　　自己愛は、人間の安定と精神的活動に<u>必要不可欠なエネルギー源</u>である。
生後まもなくの、母親（または養育者）との信頼関係に由来する、**自己に対する快適で楽しい自信**。愛されることと同時に、能動的な働きかけが相手を喜ばせるのだ、という自信も含む。

> ただし最近は、絶えず賞賛して認めてくれるような他人を必要としたり、他人に与える印象を計算したりすることで、内なる空虚を満たし、安定を図ろうとする人が増えている。個性を大切に、というスローガンが掲げられるあまり、普通の子どもが、今のままでよいのだという安心感が得られにくい、とも言われている。

アイデンティティの話に戻って・・・
大学生時代は・・・

| 4　　　　　　　　　　の時期 |

モラトリアム　＝　猶予(ゆうよ)期間

自己を模索する青年期には、いろいろな試行錯誤が必要。失敗しながら自分にあったものを探していく。自分の納得できる形で社会の一員になるための、模索の時期。

大学生は、大人としての**社会的責任**が社会人よりは少なく、割と自由にいろいろなことを体験してみることができる時期。

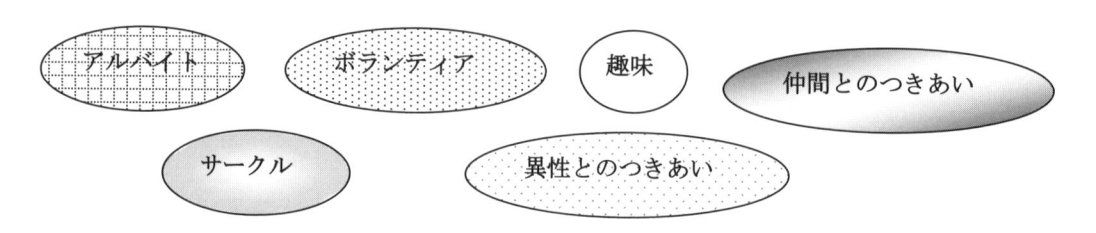

- アルバイト
- ボランティア
- 趣味
- 仲間とのつきあい
- サークル
- 異性とのつきあい

可能性に挑戦
興味や適性を試す
自分らしいあり方を探る

挫折、失敗あり。成功あり。
何かに打ち込むことで、**責任をもって引き受ける**ことのできるものを見つけていく時期。

何かを選ぶことは、何かを諦めること・・・

「僕は社交的な性格らしい」
「勉強はだめだけど、スポーツは合ってるな」
「一人で考えることが好きだな」　などなど、自分について知っていく時期

参考までに・・・
自立って？
→　「裏切られるかも」しれない、それでも私はあの人を「当てにしよう」という主体性の
　　獲得ではないだろうか？

モラトリアム、うまく活用できているかな？
　　最近の大学生は忙しすぎる！？
　　宮下・杉村（2008）は、モラトリアムが [　　5　　] していると言っている。
「大学生では、アルバイトなども当然であるが、学校生活においても、たくさんの資格をとるために授業をびっしりと埋めている者がいるし、大学院に行くために、卒業論文や修士論文、受験勉強に追い立てられている者もいる。大学に在籍しながら、専門学校に通い、資格の取得を目指そうとする者さえいる。」

⇨　現代社会は、青年のモラトリアムを保証する場になりきれていない。
　　時間をかけて、人生を歩むための時間も、大切に。

≪**大学生の悩みの時代的変化**≫

現代は、アイデンティティを築きにくい時代～悩みの次元が違う！？～（河合隼雄, 1998a・2010）

昔の青年期の悩み
　　夏目漱石「三四郎」の迷羊（ストレイ・シープ）
　　立身出世を目指して上京した主人公は、美禰子という女性の気持ちが分からずに悩む。

この頃の悩みは・・・

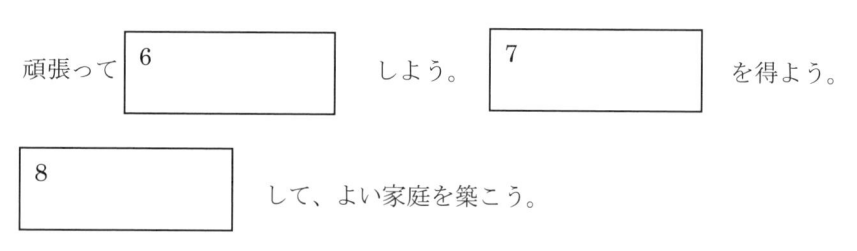

頑張って ［6］ しよう。 ［7］ を得よう。

［8］ して、よい家庭を築こう。

仕事、お金、結婚、家庭が、彼らの悩みだった。

↓ところが

現代の青年期の悩み

村上春樹「羊をめぐる冒険」の羊男

　主人公は、女性とのつきあいもあるし、生活が苦しいわけでもない。でも、何をしても楽しくない、どうしたらいいのかも分からない。自分でも、何が心の中で起こっているのか分からない。

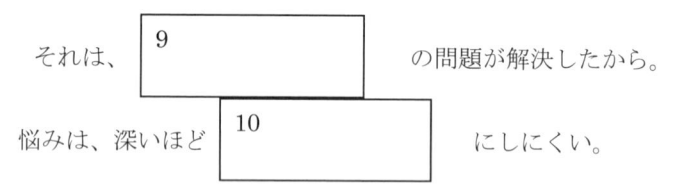

　それは、［9］ の問題が解決したから。

　悩みは、深いほど ［10］ にしにくい。

現代の青年期の悩みは、深くなっている。まるで、おなかの底の方で「羊男」がもやもやとしゃべっているように。

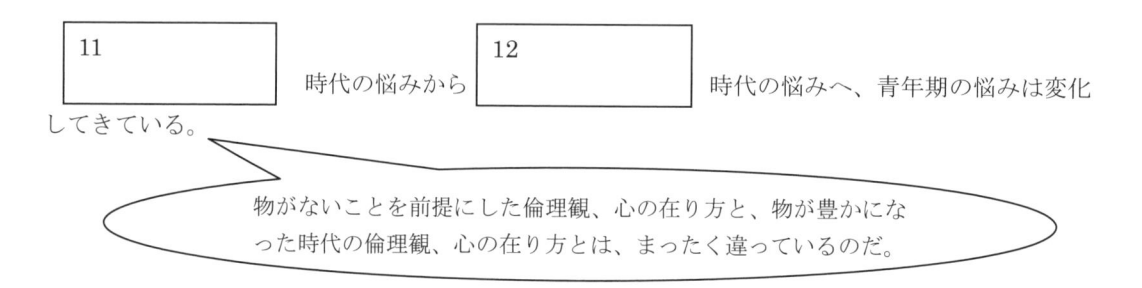

［11］ 時代の悩みから ［12］ 時代の悩みへ、青年期の悩みは変化してきている。

> 物がないことを前提にした倫理観、心の在り方と、物が豊かになった時代の倫理観、心の在り方とは、まったく違っているのだ。

≪時代とともに変化しつつある心の病≫

　次の第7章では、境界性人格障害と自己愛性人格障害という心の病を学ぶが、恋愛をきっかけに見せる青年の混乱も、ホットで人間くさいものから、徐々に変化してきていると言われる。
　時代の変化という視点から青年期の心の病をみると、何がどう変わってきたのだろうか。

<対人恐怖から境界例、境界例から解離へ>

　対人恐怖がだんだん減っていって、少しずつ重くなっていった。たとえば、醜貌恐怖のように、自分の顔が醜いのではないか、などと思い悩み、時には妄想的になるような対人恐怖が、それまでの典型的な神経症の枠組みを超えた。

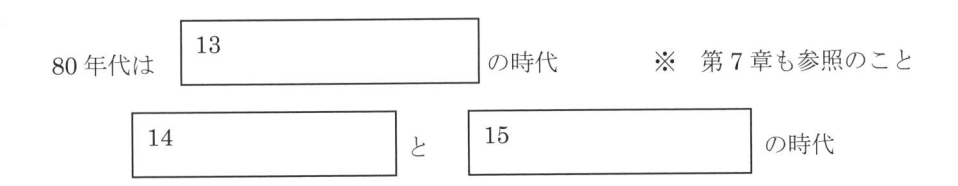

80年代は ［ 13 ］ の時代　　※　第7章も参照のこと

［ 14 ］ と ［ 15 ］ の時代

> 　河合（2010）は、時代の変化との関連で、境界例の人のあり方について、共同体や人間関係が弱まって、自分を支える関係性が弱くなったので、二者関係という一点だけに現れる、ということを言っている。それは、相手に配慮する日本的なあり方が見られないすさまじい自己主張と、親の育て方を攻め立てる他者への責任転嫁の、両極端の形で現れる。

註）　最初は精神病と神経症の境界領域の病態と考えられた一群が「境界例」と呼ばれ、広く人格障害全てを含む概念として使用されていた。その後様々な検討が加えられ、現在では「境界例」概念は複数の人格障害に細分化され、「境界人格障害のうちの1つとなっている。

◆splitting・・・重要な対象に対する価値観が極端に分裂する。価値がころころと変化する
◆acting out・・・葛藤や抵抗を言葉で表現せずに、暴力的・破壊的な行動に移してしまう

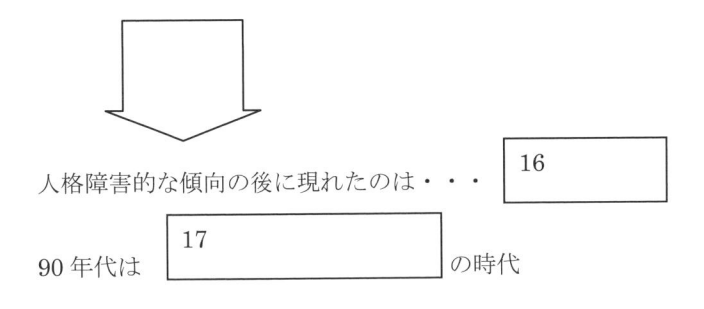

⬇

人格障害的な傾向の後に現れたのは・・・　［ 16 ］

90年代は ［ 17 ］ の時代

◆dissociation・・・解離。様々な文脈のもとで、異なる人格として振舞える。
　　　　　　　　　「空虚な主体」

> 河合（2010）は、「境界例の人が二者関係にしがみつくことで辛うじて保っていた現実とのつながりのようなもの」がますます希薄化した、と述べている。
> また、解離性障害はトラウマが原因とされることが多いことに注目して、「もはや共同体や人間関係ではなくて、ただ、トラウマという一つの出来事を通じてしか、現実との接点がないことを示しているように思われる」と考察している。

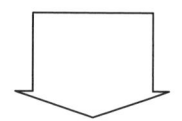

⬇

それでは、「私」って一体何なんだろう・・・・？

　| 18 |　の出現は、西洋の　| 19 |　の文化の中で生まれた。複雑な問題を解決する時に、唯一の答えを求めようとする傾向が主流となり、数字で表せるものを大切にし、一方向的な思考に縛られることになった。

そうした文化において、アイデンティティとは唯一無二のものであるとイメージされた。
この章で学んだように、エリクソンは、「私は私である」ということの同一性、一貫性、主体性などの主観的な確信を、アイデンティティであるとしたのである。

でも、「私」は、大学生であり、長男／次女であり、○○クラブの一員で、平和を大切に考えている人であり、ちょっと怠け者でもあり・・・など、1人の人には様々な側面がある。変化もするだろう。

　　　☁「私はこんな人間です。曖昧なところはありません」と言える人はいるかな？

唯一無二のアイデンティティというものを想定するのは難しい面がありそう。

このような状況を破っていく　| 20 |　という考え方がある（河合，1998b）。

＊ネットワーク・アイデンティティ・・・「私」という唯一無二の「存在者」があると考えるのではなく、「私」とは複雑に絡み合っている「存在」であると考える。「ネットワーク」とは、自分の外側にあるものではなく、自分の心の中にもつもののこと。

＜解離性人格障害とどう違うの？＞

◆解離性人格障害
　…各人格の間に関係が完全には成立していない。1人の人としての同一性が確保されていない。

◆ネットワーク・アイデンティティ
　…ネットワークが切れておらずに関係がある。しかし中心により統合されているわけではない。あいまいになったり一貫性に欠けたりする危惧が生じるが、そのような状態の中で「同一性」を確保する努力をすることにより、個性が磨かれる。

> ある時には子どものようであり、ある時は女性的、ある時には老人のような思慮深さを発揮する。なおかつ、1人の人間としての同一性を感じさせる。そんな人の方が、固定されたイメージの成人男子／成人女子よりも、人間としての豊かさを感じないだろうか？
> 人間とは、そんなにはっきりと明確なものではなく、変化し曖昧なところのある存在ではないだろうか。

　青年期は [　21　] の時期であるが、現在は時代的にもアイデンティティという考え方自体が揺らいでいるのかもしれない。

コラム6 "14歳"のもがき

　第3章のコラムでも取り上げましたが、14歳は身体の変化が大きく、心身のバランスがうまく保ちにくい年齢です。自立したいのに義務教育の時期であることのジレンマに苦しみます。次の文章は、千原ジュニアが14歳当時を回想したエッセイです。みなさんの14歳はどんなだったでしょうか。

　僕は小さな窓から学校に向かう人たちを眺めながら、そんなことを想い出した。
　あなたたちはどこに向かっているのですか。
　あなたたちの行き先はどこですか。
　僕があなたたちと同じ道を歩くことができるでしょう。
　僕はあなたたちと同じ道を歩くことができません。
　僕はどこに向かうべきなのでしょうか。
　僕は僕だけの道しか歩けません。
　布団に寝転がって天井を見つめていると、お母さんが家を出ていく音がした。
　僕は窓を〆て短くなったタバコを消した。
　その音が消えるのを待って僕は部屋のカギをあけた。階段を下りる。
　台所の部屋に入るときれいに皮をむかれた果物が皿の上に並んでいた。
　その横にはまた何枚かのパンフレット。
　全寮制の学校や変な名前の病院のパンフレット。
　僕はそれをゴミ箱につっこんでお風呂のパンフレットをしっかりと眺めながら。産まれてすぐにしたという腹の手術痕を見つめながら。
　昨日の夜、お父さんとお母さんがケンカをしていた。浮きでたアバラ骨を見つめながら。原因はもちろん僕。詳しい内容は解らないけれど、お母さんが大きな声でお父さんと詰語をしていた。もうなんだかギリギリという感じが伝わってきた。

　僕はどうしたらいいんだろう。
　僕はやっぱり黙って黒い学生服を着るべきだったのかな。
　誰よりも大人に嫌われる十四歳。
　誰も触りたくない十四歳。
　誰にも触らせない十四歳。
　そして今以上にお父さんとお母さんを悲しませる十四歳。
　やはり僕は、こうするしかないんだ。
　あの部屋の中で何かを見つけるしかないんだ。
　一刻も早く。
　僕はそう自分に言いきかせるように部屋に戻り腰を下ろした。
　タバコがきれている。だけどタバコを買いに行く気にもならない。だから灰皿から短く折れ曲がったタバコを何本か取り出して、部屋の隅からもう何年も前に学校で配られたわら半紙をひっぱり出した。そのわら半紙の上にタバコの葉っぱだけを取り出して山積みにした。葉っぱを紙の上に均等に並べて巻いた。手作りのタバコ。
　おいしいはずがないけれど、今、外に出るぐらいならこのほうがよっぽどましだと思った。
　僕はその手作りのタバコを吸いながらテレビを観た。
　テレビに映る人たちはみんな笑ってた。
　この人たちはどうして笑ってるんだろう。

千原ジュニア（二〇〇九）・十四歳　より抜粋

コラム7 "17歳"の自分探し

義務教育が終わり、社会に出る青年もいる中、現代日本では多くの青年が高等学校へ進みます。文化祭や体育祭で自分の力を見出し、それが将来の仕事へつながる人もいますが、アルバイトが禁止されている学校も多く、判断力・実行力はほぼ成人なみに成長してきていますが、たくさんのモデルを模索して職業観・人生観を形成することは難しい現状があります。次の文章は、実際の高校生が、悩みを作文にしたものです。みなさんが当時の感じ方を思い出すと、どうでしょうか。大学生の現在と比較して、どのように変化したでしょうか。

本当の私　　八洲学園高等学校（大阪府）　中嶋ひと美

今までの私、それは『ニセモノ』だった。周りから思われているイメージ通りに振る舞い、周りの人たちも、自分でさえも騙し続けていた。しかし、ついに昨年六月、完全に学校に行けなくなってしまった。それからの日々はとても辛かった。母に「なぜ学校に行けないの？」と聞かれても、自分でもそれが解らなかった。

ただ、友達に「明日学校で会おうね」と言われても、「うん」と言えない自分に苛立ち、理由の解らない涙を流す毎日だった。何故自分だけが…？と思っていたある日、通っていたカウンセラーの先生に、通信制学校というものがあるという事を聞き、そこで私と同じような悩みを持つ人達がたくさんいる事を知った。

通信制高校は、自由な時間が多いので、自分の生活次第で大きく変わってしまう。

だからこそ私は、そこで自分を試したいと思い、転校を決意した。

今の私は『ホンモノ』だ。アルバイトをしたり、大学進学を目指して予備校に通って頑張っている。等身大の一七歳の女の子だ。

前の学校にいた時のように、周りのイメージに合わせるのをやめ、自分らしく生きるようにしたら、物事を前向きに考えられるようになり、すごく軽くなった。

本当の正しさ　　県立治化高等学校（愛媛県）　藤井恵子

私は通信制高校に転校した事を後悔していない。むしろ、自分がたくさんの人に支えられている事に気づき、人生にはいろいろな道がある事を知る事ができて、とても良かったと思っている。

これからもたくさん辛い経験をする事もあるだろうが、大人になるための大事な過程だから、そこからいろんな事を得て、成長していきたいと思う。

そのためには、大人の方達の柔軟な考え方が必要不可欠なので、これからも私達のことを長い目で見守っていただきたい。

そして、私もいつかそういう大人になりたいと思う。

私は今、迷っている。今まで信じていた正しい自分が本当は間違っているように思えてきたから。私は中学生の頃にいじめに遭った。仲良しの友達もいなくなってしまったから、卒業するまでずっと一人だった。私をいじめる人達を憎む気持ちで毎日過ごした。いじめられるのは辛かったけど、一人でも平気だったし、憎んでいれば間違いないと思ってた。

高校に入って友達ができると、私は神経質になった。傷つけまいと思った。表面を繕ってお世辞を言うようになった。それで皆が仲良くできればいいと思ってた。でも、ふと気付いた。「傷付けたくない」なんて嘘で、良い人に見られたいだけの私の本心に。

今、迷っている。これから私はどうすればいいんだろう。誰も

一七歳、だけれども

県立城西高等学校（徳島県）　柳生真実

一七歳。だけれども、人を殺そうとは、思わない。それに、自分から死のうとも思わない。素直に、笑っていられる毎日に、幸せを感じていられる。

笑っていた。嬉しくも楽しくもないのに笑っていた。一人ぼっちの寂しさをごまかすように。そして、矛盾、恐怖、自分への苛立ち、友達への嫉妬が頭の中を支配していた頃。自分の居場所を見出すことができず、苦しかった。

一七歳。で人間を判ったように言うのは、よくないかもしれない。でも、私は、思う。人間は、すごいと。それは、苦しいことに対して自分は、どのように行動すべきか、悩む力があるから。私が、毎日の生活に、幸せを感じていられるのは、悩んで悩んでした結果。私に、自分のことを愛しなさいと教えてくれたのだ。

歪み

県立松山中央高等学校（愛媛県）　池田あかり

私は完璧な人生を歩みたかった。失態を負うたび、戻ってやり直したいと願いつづけていた。

けれども、そう願えば願うほど、それはさらに悪化するようにすら思われた。

完璧な人生を歩むこと、歪みのない人生を願うこと、そのもの全てが歪みであることに私は気づいていなかった。完璧を求めるのは当然の数学のようにはっきりと答えがあれば、完璧を求めるのは当然のこと。けれど人生にはっきりと答えどころか数式すら存在しない。それなのに、全てにはっきりとした答えを求めようとするのは、私の独善でしかなかった。

歪みは、正そうとするほどさらに複雑に歪み、そして私はとうとう気づいた。歪みを正そうとするからいけないのだ、と。その歪みという概念そのものをなくさねばならないのだ、と。それには長い時間が要るだろう。なんといっても、今までの人生を見直すものであるから。それでも、まだまだ長く先の見えない人生にそんな目標という名の光明をかかげてみるのも悪くはない。

（大阪経済大学『17歳からのメッセージ』編集委員会（2003）：17歳からのメッセージ．創元社．より）

コラム8 「かかわり」の薄い時代　親の気持ちは・・・

　アイデンティティを築くために大切な健康な自己愛は、周囲の人たちとの信頼できる関係の中で培われていくものですが・・・

◆**親世代の迷いや焦り**
　最近の社会事情によるものか、横並びであるように管理される息苦しさを感じ、時間に追われている親世代の人々が少なくありません。そんな中、親子の間の自然でゆったりしたかかわりや、正面切ったやり取りが減ってきているのではないでしょうか。
　家の中で子育てする母親からは、「社会に出てやるべきことがあるのではないか」「子どもの世話のために、家に縛られている」「〇〇ちゃんのお母さん、ではなく、一人の人格として認められたい」という声も聞かれます。寿命が延び、親自身がどのように生きていくのか模索することが増えているのでしょう。「子どもを最優先するわけにはいかない」というように、親も焦ったり迷ったりしているのかもしれません。
　親が叶えられなかった夢を子どもに託したり、親が自分の道を模索するために子どもに目を向けられなかったりするために、親から子へのかかわりが過剰になったり欠如したりした場合、子どもの自己愛はどのように育つのでしょうか。

◆**「親ごころ」の育ちにくい時代**
　人のこころは下記のように成熟していくのが本来の筋道です。

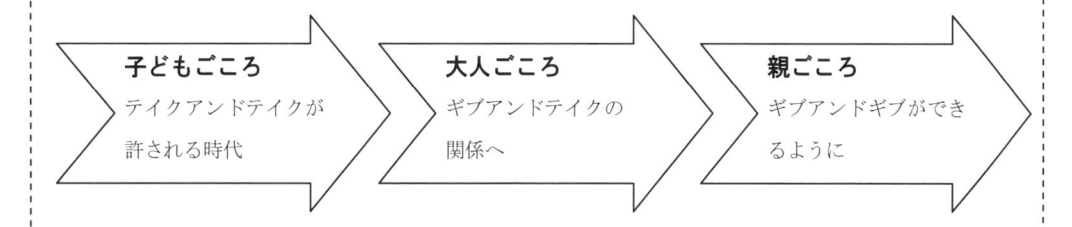

子どもごころ	大人ごころ	親ごころ
テイクアンドテイクが許される時代	ギブアンドテイクの関係へ	ギブアンドギブができるように

　しかし、自分が子ども時代に十分にテイクできなかった人は、ギブアンドテイクができるようになったとしても、ギブアンドギブが求められることに耐えられないことがあります。子どもから執拗に母性を求められると怒りが湧いてしまったり、「自分がしてもらったことがないことは、してあげられない」ということになる場合もあります。そんな母親を支えたりたしなめたりするはずの父親の存在感も、薄いことがしばしばです。

　子どもをもてば当然、母性や父性を備えると考えられがちですが、「子どもごころ」が十分に満たされ、その上で「大人ごころ」をしっかり生きた後でなければ、「親ごころ」はなかなか発揮できないのかもしれません。

┌───┐
◆**オアシスの少ない時代**

　核家族化や地域社会の交流の希薄化によって、日常の中で誰かに気持ちを満たされる機会が減っているのが現状です。私たちは親の世代も含めて、希薄な人間関係の中で健康な自己愛を築いてゆかねばならないという、難しい時代に生きています。自分たちのこころを育み、安らげるオアシスを、私たち自身が築いていこうという意識も、これからの時代には必要なのでしょう。

(菅,2005の文献に基づいて作成)
└───┘

≪参考文献≫

　　Erikson,E.H.著　村瀬孝雄・近藤邦夫訳（1982）：ライフ・サイクル，その完結．みすず書房．
　　加藤厚（1983）：大学生における同一性の諸相とその構造．教育心理学研究，31，292-302．
　　河合隼雄（1998a）：青春の夢と遊び　内なる青春の構造．講談社+α文庫．
　　河合隼雄（1998b）：日本人の心のゆくえ．岩波書店．
　　河合隼雄（2010）：いじめと不登校．新潮文庫．
　　河合俊雄（2010）：発達障害への心理療法的アプローチ．創元社．
　　宮下一博・杉村和美（2008）：大学生の自己分析―いまだ見えぬアイデンティティに突然気づくために―．ナカニシヤ出版．
　　永井撤（2008）：思春期・青年期の臨床心理学．培風館．
　　大阪経済大学『17歳からのメッセージ』編集委員会（2003）：17歳からのメッセージ．創元社．
　　斎藤環（2004）：解離のポップ・スキル．勁草書房．
　　菅佐和子（2005）：思春期心理臨床のチェックポイント　カウンセラーの「対話」を通して．創元社．
　　谷冬彦・宮下一博編（2004）：さまよえる青少年の心．北大路書房．
　　千原ジュニア（2009）：14歳．幻冬舎．

第7章 恋愛における関係性の発達

> 【学びのポイント】 恋愛が、青年の成長に大きな影響を与えることを学ぼう。恋愛や失恋によって、気持ちが揺らされて新たな側面が引き出されることもある。自分の恋愛関係を振り返ることで、求めていたものが見えてくるかもしれない。

あなたの親は恋愛結婚？！ お見合い結婚！？
恋愛ってどんなイメージ？ 恋愛の先には結婚がある？ 今を楽しむことが大事？

＊ 愛のイメージを調べるゲームをやってみよう！

≪方法≫
① ノートの中央に、愛と書く。
② 愛という言葉から直接連想する単語を数個、放射線状に書き出し、線でつないでおく。
③ 連想語をみて、次に連想する言葉を、さらに書き出し、線でつないでおく。

　　☆ 恋愛、家族愛、結婚、友情などなど。大学生にとって愛といえば、恋愛というほど、恋愛は大事。それは、なぜだろう？

1）思春期・青年期の恋愛
◆ 恋愛の分類（Lee）

```
              ルダス
            （遊びの愛）
   マニア              プラグマ
 （狂気的な愛）        （実利的な愛）


   エロス              ストーゲイ
 （美への愛）         （友愛的な愛）
              アガペ
            （愛他的な愛）
```

図 7-1 Lee の恋愛関係の類型論

| 1 | （狂気的な愛）は、独占欲、嫉妬、悲哀などの激しい感情を伴う愛。 |
| 2 | （美への愛）は、恋愛をロマンティックなものと考え、相手の外見を重視する愛。 |

79

| 3 | （愛他的な愛）は、相手のために自分自身を犠牲にする愛。

→ この3つが、思春期・青年期に特徴的だといわれている（松井，1990）。

＊ ロミオとジュリエット；
　　両家の不仲なロミオがジュリエットに一目ぼれし、駆け落ち。ジュリエットが毒薬を飲んで死んでしまったと勘違いしたロミオは自殺し、ジュリエットも死ぬ。

⇒ 短期間に燃え上がる。自分がどう感じるか、相手がどのように見えるか、語り合う関係。
相手を理想化しやすく、自分と相手との境界が曖昧になりやすい。
アイデンティティが十分に確立されていない段階。

● 人魚姫にみる恋愛
　　思春期女性が異性を恋する気持ちと関連させて考えてみると。。。
　　王子様と永遠の魂が自分のものになるなら何でもやるという決心は衝動的で未熟であり、王子は人魚姫を成熟した女性としては見ていなかった、という解釈もできる。
　　思春期における一方的な片思いを髣髴とさせる。

2）異性への関心と性

　第3章から第5章で学んだように、思春期は、第二次性徴の出現、親からの心理的分離、友人関係の変化などと関連して、異性への関心が高まる時期。
　小4から中3までの男女に、「異性と親しくなりたい」か訊いたところ、どの学年でも女性は男子より、その割合が高く、中2女子では80％を超え、男子も中3では80％を超えた、という調査もある。

　では、実際に特定の異性と付き合い始めるのはいつ頃だろうか。
　地域や学校の風土によっても異なるが、女子では高3では35％、男子では高3で25％あまり、という報告がある。

◆ | 4 | の低年齢化

　異性との交際とともに、性情報の氾濫や性への規範が変化している中で、性行動が低年齢化する傾向にある（コラム9の新聞記事参照）。

　性への寛容さを規定する要因としては、性への両親の寛容な価値観、孤独感の高さ、交友関係の活発さなど、様々な側面がある。

⬇ しかし・・・

経済的豊かさや高学歴化によって結婚は先送りされているのに、性行動の低年齢化している。
この反比例をどう考えるか、という問題が残される。

3）親密性の獲得

成人期の発達課題　＝　| 5　　　　　　　vs　　　　　　　 |

同一性 vs 同一性拡散の課題に続くテーマであり、異性との交際や、結婚して家庭を持つというテーマへと、向き合う時期へとさしかかる（表 7-1 "親密と連帯　対　孤立"の項を参照）。

表 7-1　心理社会的発達の展望図（村井編 1977 より作成）

	A 心理・社会的危機	B 重要な対人関係の範囲	C 関係の深い社会秩序	D 心理・社会的様態
I	信頼 対 不信	母親的人物	宇宙的秩序	得る お返しに与える
II	自律性 対 恥・疑惑	視的な人物（複数）	法律と秩序	保持する 手放す
III	自主性 対 罪悪感	基本的家族	理想的な標準型	思いどおりにする 　（＝追いかける） まねをする（＝遊ぶ）
IV	勤勉性 対 劣等感	"近隣" 学校	テクノロジー的要素	ものをつくる（＝完成する） ものをいっしょにつくる
V	同一性 対 同一性拡散	仲間集団と外集団 指導性のモデル	イデオロギー的な展望	自分自身である（または、自分自身でないこと） 自分自身であることの共有
VI	親密と連帯 対 孤立	友情、生、競争、協力の相手	協同と競争のパターン	他者の中で自分を失い、発見する
VII	生産性 対 自己陶酔	分業と共同の家庭	教育と伝統の流れ	世話をする
VIII	統合性 対 絶望	"人類" "わが種族"	知恵、えい知	過去各種によって存在する 存在しなくなることに直面する

☆ 異性との出会いをきっかけに、その人の [6] に関する課題が明らかになることが多い。

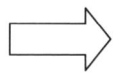

⇒ 同一性や、親密性のテーマを十分に獲得できていないと・・
"自分をみつけるための恋愛"になる。

大野はこれを「[7]のための恋愛」とよび、青年期に特徴的な恋愛と言っている。

たとえば、次のような特徴がある。

- 相手から「好きだ、素敵だ」とほめてもらいたい。自分からは相手をほめない。
- 相手にいつも「私のこと、どう思う？」と確認しないと不安。
- 恋人からの評価をよりどころにしているので、自分が失われるような不安がある。
- 「嫌われていないか」常に気にして、お互いの気持ちを確認（監視？）する関係。
- 自分を映す鏡として相手をみており、自分のことで余裕がなくなり、関係が長続きしない。

4）ユングの元型論からみた男性像・女性像とその成長過程

◆ [8]　anima

男性における、無意識的な女性イメージ。男性の中の、開発されるべき要素。
具体的には、男性の夢に登場する女性像や、憧れの女性イメージが、アニマ像である。

≪**アニマの四段階**≫

<u>9　　　　</u>的段階→<u>10　　　　</u>な段階→<u>11　　　　</u>な段階→<u>12　　　　</u>の段階
ともかく女である　　女性を人格と認める　　聖なる愛　　　　　深い知恵

アニマの特性　：　神秘性、情動性、とらえどころのなさ、つながる力

> 心のよりどころとなり、支えられて成功する。

- ◆可能性 ： **アニマ**を自分のものにすることで、男性として成長する。

- ◆危険性 ： おぼれてしまうと、身を滅ぼす。甘え続け、飲み込まれたり、支配され振り回されたりする。

> 妖しげ、支配的、この女性のためなら死んでもいい・・・

☺ どの段階が強く働いているだろうか。

～ **アニマ、アニムス**は、無意識的な異性イメージ。無視すると大変なことになる ～

◆ | 13 | animus

女性の心の中に潜む、**無意識の男性像、男性的性質**。
　具体的には、女性の夢や空想の中の男性的な人物や動物。また、現実の男性に投影されたりする。男性的な側面（社会的意見、男性的理論）として現れることもある。
　女性の心の変容にとって、とても重要な働きをする。

≪**アニムス**の四段階≫

<u>14_____</u>の段階→<u>15_____</u>の段階→<u>16_____</u>の段階→<u>17_____</u>の段階
身体的な力　　　　　　強い意志、主導性　　　　　偉大な識者　　　　　　宗教的指導者

アニムスの特性 ： プラス面　　主導性、勇気、客観性、精神的叡智、切る力
　　　　　　　　　　 マイナス面　残酷さ、無謀さ、空論、頑固
　　　　　　　　　　　← 破壊的な作用を及ぼす場合もある

> 女性的優しさも持ちながら、男性的知性も理解する人に

- ◆可能性 ： アニムスは、高い自覚と人間性の完成に至る道への導き手となる。

- ◆危険性 ： アニムスが女性にとりつくと、破壊的な作用を及ぼす。

> 皮肉でばっさり切っていくのを、かっこいいと思ってしまったり・・・
> 頭が固く頑固になってしまったり・・・

☺ 四つの段階はどの人の中にも備わっているし、時期によっても出方が違う。あなたは今、どの段階が強いんだろう？

アニマ、アニムスは、意識化しないと命とりになることもある。

5）恋愛により引き起こされやすい障害

> 異性との出会いをきっかけに、「その人の親密性に関する課題が明らかになる」と述べたように、恋愛関係では、人の依存的な側面を引き出してしまうことがある。恋愛関係や失恋は、様々な症状、障害の引き金ともなり得、時には人格障害的な側面を自分に見出し、悩む人もいる。なお、ここでは、あくまでも"人格障害的な側面"だということを強調しておく。"人格障害"という診断は、医師の丁寧な診察が必要なので、間違えないようにしてほしい。
>
> 高橋・近藤によれば、恋愛相手に何を求めていたか、つまりどのような内的対象を投影していたかによって、失恋した時などの対象の喪失に対する反応の内容も異なってくる。

①境界性人格障害　borderline　Personality Disorder
安定しない、という安定　「ほどよい」感覚が身についていない
　　例：　太宰治　マリリン・モンロー

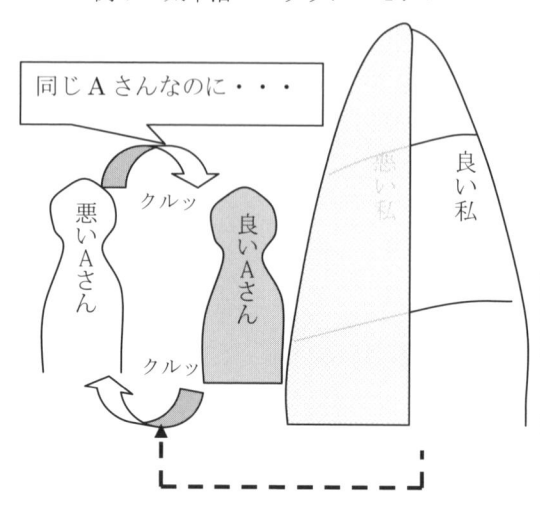

同じAさんなのに・・・
悪いAさん　クルッ　良いAさん
クルッ
ある時は良いAさん、ある時は悪いAさん

図 7-2　境界性人格障害の心

統合失調症のように、無意識に圧倒されているわけではない。

本人も苦しむが、<u>周りの人が困ってしまうこと</u>が多い。

| 18 |

という防衛機制を使う。

良い関係の時はその人と仲良くできるが、嫌なところが少しでも見えると許せなくなって、「分かってくれない！」と怒る。
＝**「誰も私を分かってくれない」「分かってほしい」「甘えたい」**という心からの訴え

◆境界性人格障害の特徴

- 正常と異常とのはざまを揺れ動く
- | 19　　　　　　　　　　　 | が顕著
- 信頼しようとしてもすぐに不信感が募る　**依存と攻撃**の繰り返し
- 人への評価・自分に対する評価、気分が**めまぐるしく変化**する。
  | 20　　　 | と | 21　　　 |
- 刹那的　　寄る辺のなさ　**満足**してもすぐに**不満**となる
  → 信頼を渇望するのに、信頼を確かなものとすることができない

　　｝安定した「**構造**」に入ることを嫌う

②自己愛性人格障害　Narcissistic Personality Disorder

| 22　　　　　　　　 | と呼ばれるまとまった自己をもっており、境界性人格障害ほど不安定ではない。

◆自己愛性人格障害の特徴

- 自分に特別な才能、業績がある等、他人より優れているという空想を持ち続ける。他人に羨望する。
- 他人は自分に奉仕して当然だという意識を持つため、| 23　　　　　　　 | が欠如し、相互的な関係が築けない

> 他人を道具のように利用したり、世間一般を軽蔑したりという心性があるため、自己愛的傾向を持つ人と付き合おうとすると、傷つけられ苦しめられることが多い。
> しかし彼らもまた、健全な自己愛が育てられていないために円満なパーソナリティが形成されず、苦しんでいるのである。

自己愛には、「尊大で自己顕示的なタイプ」と「過敏で傷つきやすいタイプ」の2つがあり（ギャバート，1994）、日本には、「過敏で傷つきやすいタイプ」が多い、と言われている。

　　→ 第6章の、「健康な自己愛と病的な自己愛」のトピックで、どのような自己愛が
　　　自分を支えるものとなるのか確認してみよう。

≪人格障害の生じる背景≫

境界性人格障害、自己愛性人格障害は極めて現代的な特徴をもっている。
その概念が精神医学に登場した時代も新しく、経済先進国に多いと言われる。

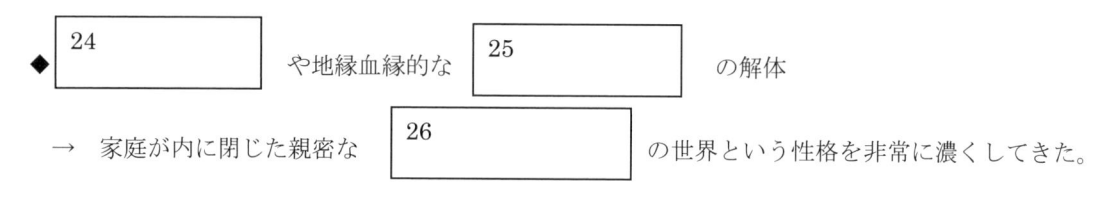

◆ [24] や地縁血縁的な [25] の解体

→ 家庭が内に閉じた親密な [26] の世界という性格を非常に濃くしてきた。

高度経済成長後の経済発展が、このような家庭の在り方を可能とする [27] をもたらした。

> この変化は悪いことばかりではなく・・・

・拘束的な社会規範や、重い家内労働から相対的に解放された
・より自由な家族生活
・親密な二人関係の中で細やかに子どもたちを養育できる

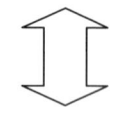

> このような特徴を持った親子関係の間で積み残した問題が、異性との付き合いにより改めて浮上することもある。

豊かな二人関係が開花するようになった一方、境界性人格障害の生じる可能性も増えた。

母親の子どもへの関心は、しばしば [28] と [29] の両極になり

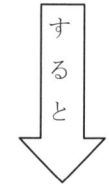

すると

> 子どもが、母親の自己実現のための支障になったり、果たせなかった夢を叶える希望の星になったり・・・
> そこでは「**子ども自身の主観的存在**」が尊重されているだろうか？

子どもを抱え、慰め、支持するという母親の機能が低下する。
父親が、母親を精神的に支えたり、家族内の軋轢を解決する機能を果たせばよいが、父親の存在感が薄いことも・・・

→子どもが、[30] を発達させることが難しくなっている。

また、これ以外にも、下記のような背景があると考えられる。

・情報量が多くなり、子どもがゆっくりと [31] してゆく保護された環境が得にくい。

・AV機器の発達、浸透によって、子どもが一人の世界に浸り [32] を育てる。また、仲間との遊びを通じて [33] を受ける機会が少なくなっている。

> 現代は、子どもがじっくりと成熟することが難しい環境になりつつある。心身の成長に必要なかかわりや環境を、どのように整えればよいのだろうか・・・・。
> 私たち皆にかかわる課題である。

6）恋愛と結婚

結婚に、何を求める？　結婚しない生き方、どう思う？
　　　　　例）独身女性4人の生きざま・価値観を描いたアメリカドラマである『セックス・アンド・ザ・シティ』（1998-2004）が人気を博した

「結婚しない生き方をどう思うか」を尋ねると（問14）、女性は55.1％、男性は40.9％が賛成（経済企画庁, 1995）。→　男女の意識に差がみられる。

また、独身にとどまる理由として、「適当な相手にめぐり会わない」「結婚資金が足りない」などの結婚の条件が整わないことによる理由の他、「必要性を感じない」「自由や気楽さを失いたくない」と考えている人も多い（図7-3）。

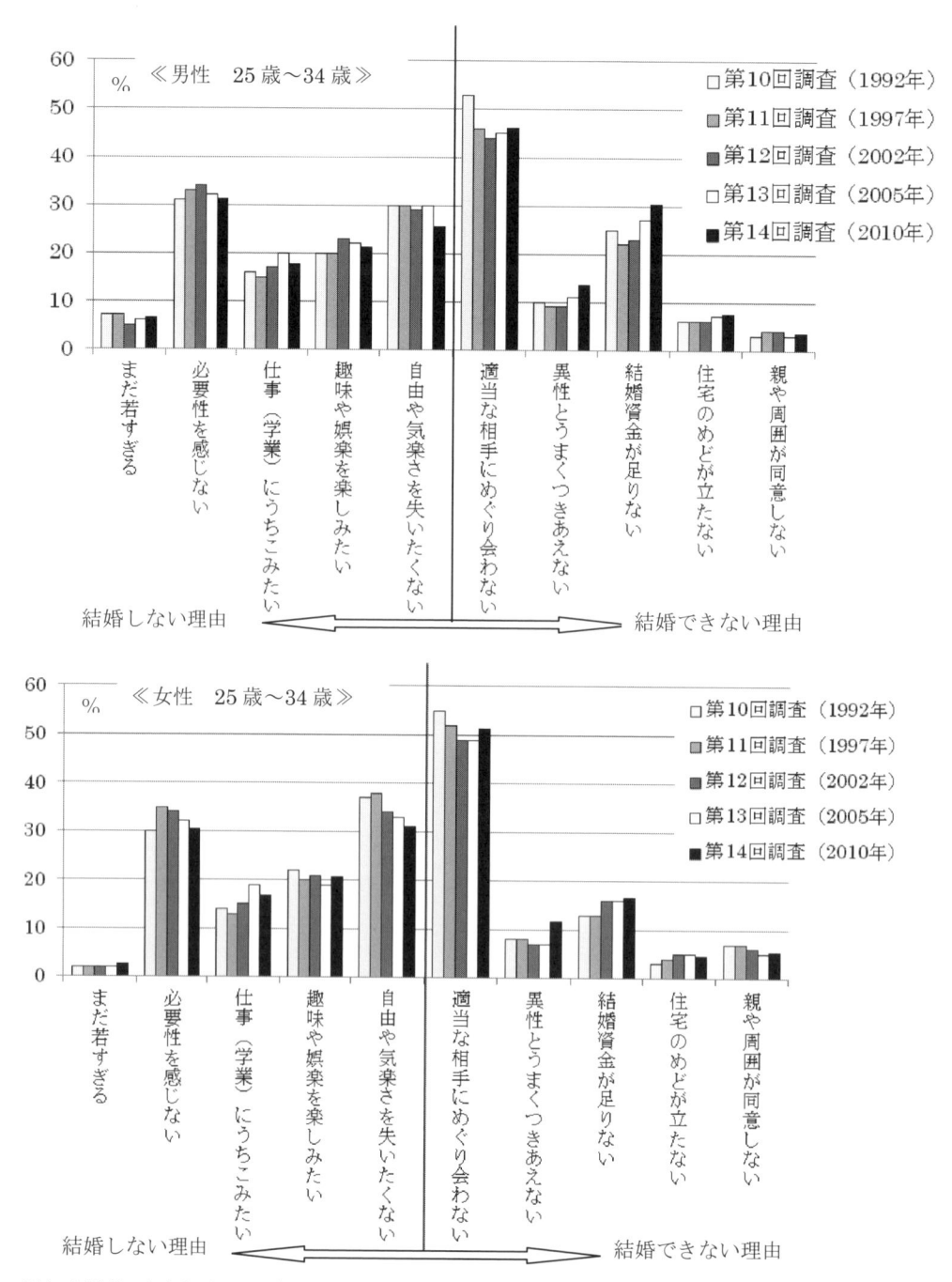

(注) 未婚者のうち何%の人が各項目を独身にとどまっている理由（3つまで選択）として挙げているかを示す。

図 7-3　独身にとどまっている理由（第14回出生動向基本調査より作成）

晩婚化（図 7-4）、非婚化（図 7-5）が進んでいる。

平均初婚年齢は、1950年には、男性 25.9 歳、女性 23.0 歳であったが、2010年には男性 30.5 歳、

女性 28.8 歳となった。

生涯未婚率は、2005 年には、男性 16.0％、女性 7.3％となっている。2030 年には、男性 29.5％、女性 22.6％に上昇するとの予測もされている。

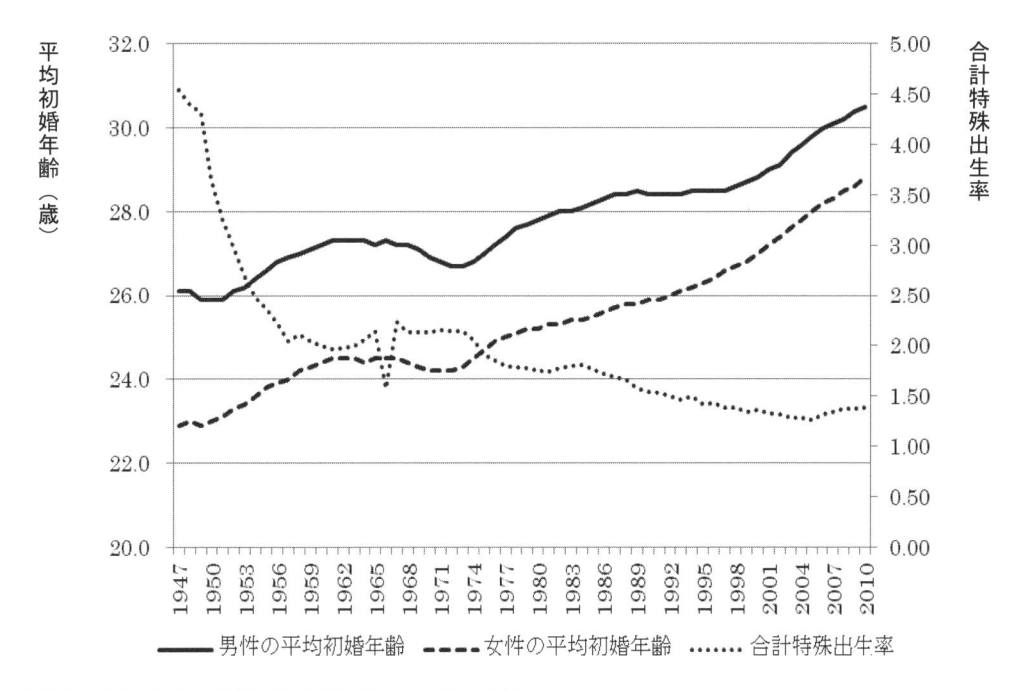

資料： 厚生労働省大臣官房統計情報部「人口動態統計」
（注） 1．平均初婚年齢とは、1947〜1967 年は結婚式をあげた時の年齢、1968 年以降は結婚式をあげた時または同居を始めた時のうち早いほうの年齢である。2．2010 年は概数値である。

図 7-4　平均初婚年齢と合計特殊出生率の推移（厚生労働白書平成 23 年度版より作成）

資料： 国立社会保障・人口問題研究所「人口統計資料集」（2010 年版）
（注）　生涯未婚率とは、50 歳時点で一度も結婚をしたことのない人の割合。

図 7-5　生涯未婚率の推移　（厚生労働白書平成 23 年度版より作成）

晩婚化・非婚化の背景：結婚による女性側のメリットの減少

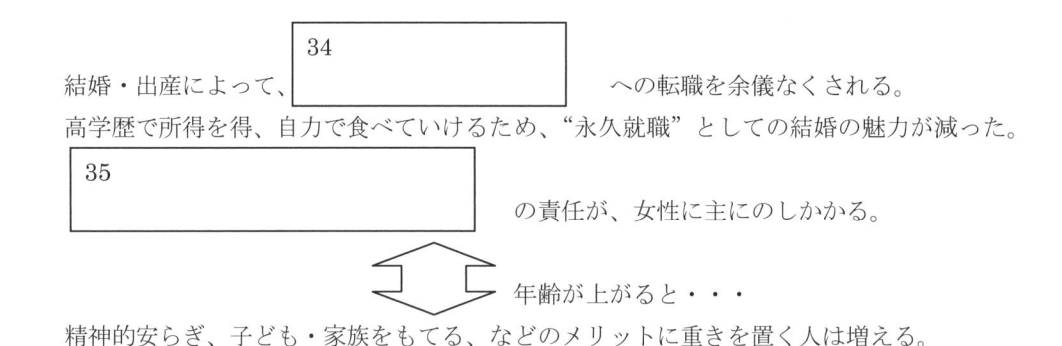

結婚・出産によって、| 34 |への転職を余儀なくされる。
高学歴で所得を得、自力で食べていけるため、"永久就職"としての結婚の魅力が減った。
| 35 |の責任が、女性に主にのしかかる。

⇧ 年齢が上がると・・・

精神的安らぎ、子ども・家族をもてる、などのメリットに重きを置く人は増える。

◆ 離婚

離婚は増加傾向にあり、1997年の時点で、3組に1組が離婚している（図7-6）。

20年同居してきた中高年夫婦の離婚も増えているが、5年未満・20代の離婚がもっとも多い（図7-7）。未成年の子のいる離婚は約60%。離婚後の親権者は78%が妻。

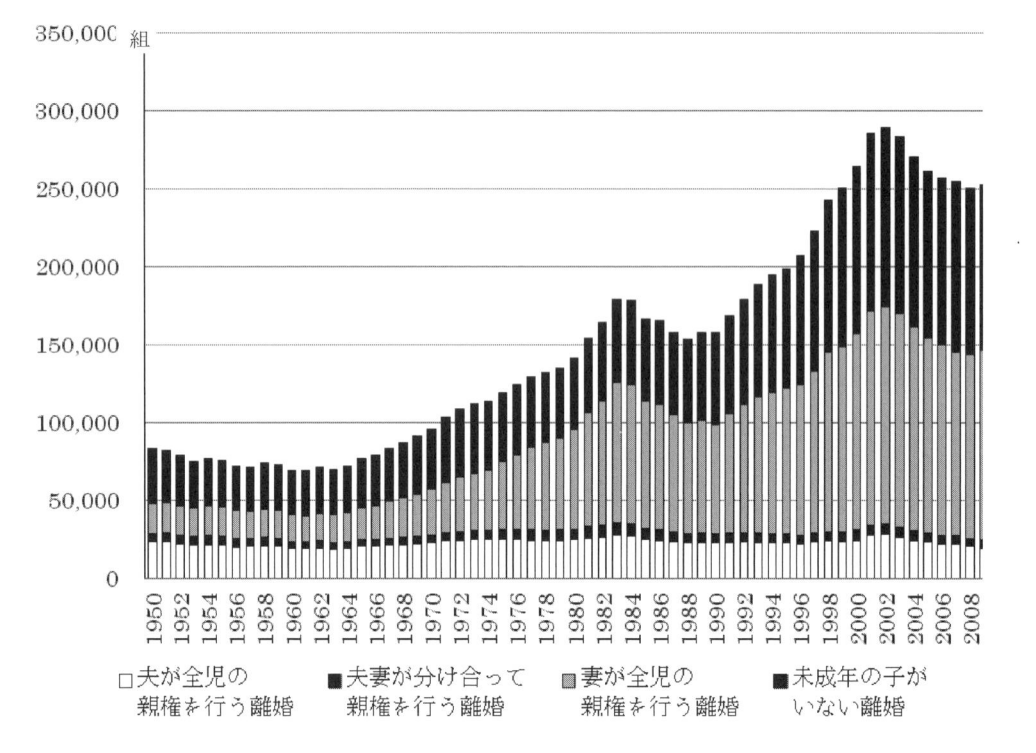

資料： 厚生労働省大臣官房統計情報部「人口動態統計」
（注）未成年の子とは、20歳未満の未婚の子をいう。親権とは、未成年の子に対して有する身分上、財産上の監督、保護を内容とする権利、義務をいう。

図7-6 離婚件数の推移（厚生労働白書平成23年度版より作成）

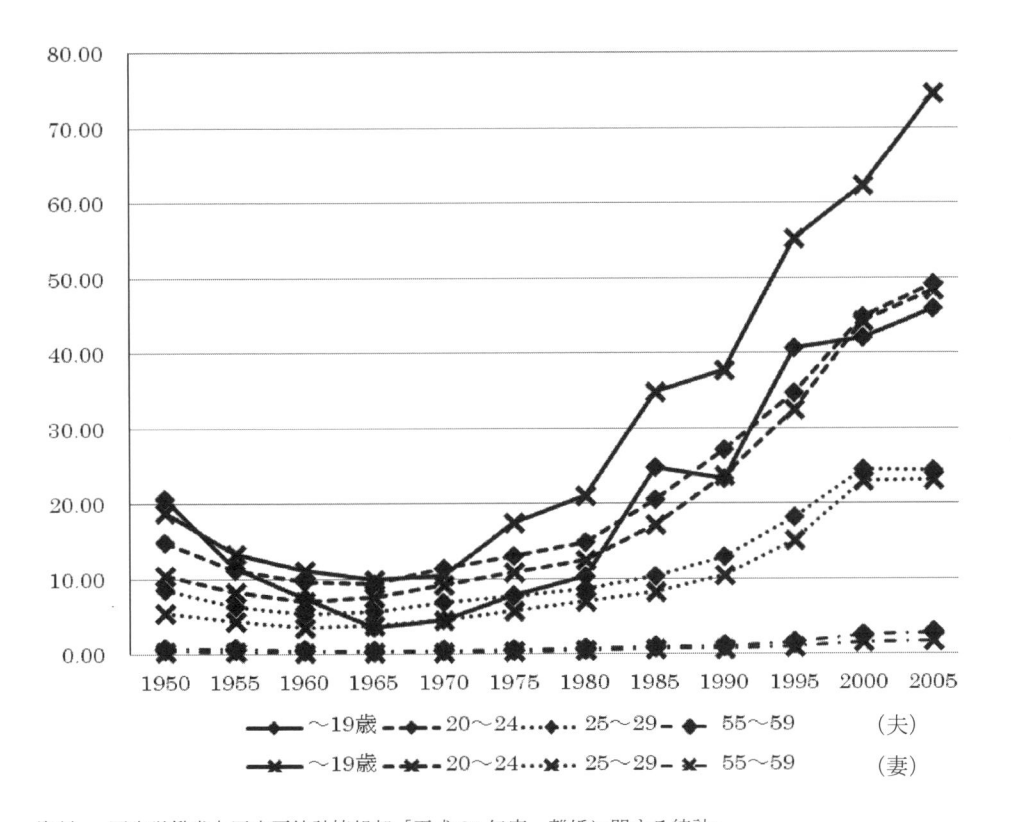

資料： 厚生労働省大臣官房統計情報部「平成21年度 離婚に関する統計」

図7-7 夫妻の同居をやめた時の59歳までの年齢別にみた有配偶離婚率（人口千対、同年別居）の年次推移（30〜54歳までは省略）（厚生労働白書平成23年度版より作成）

◆ 　36　　　　　　　　　　　　　　　母親だけで子どもを養育する女性。戦後は、戦死など死別によるものが大半だったが、離婚率の上昇や、非婚出産の増加により、内訳が変化してきた。

＜シングルマザーへの支援＞
　父親不在がもたらした経済的な変化や生活の変化、母親の心理的問題に目を向けていく必要がある。

　　家族が多様化してきたが、両親がいることが完全でひとり親であることは欠損という偏見は、いまだにある。とりわけ、離婚や未婚の母子世帯に対して強い。

シングルマザーの生活・心理の安定には、母親自身の資源の豊富さ（教育水準と専門的技術や資格など）と、人的支援（友人・知人・保育者など）が重要。

> 母親以外の、他の大人と同居している拡大母子家庭では、子どもの逸脱が少ないという報告がある。

　異性との出会いは、人との親密な関係を築く上で大切な契機となる。
　ある人にとっては、自らの親子関係に関する課題に気づくきっかけとなり、ある人にとっては自分の女性性・男性性を見直すきっかけとなるだろう。これから築くだろう家庭について考えるようになる人もいるのではないだろうか。

　恋愛関係は自分を揺さぶる体験であり、これまでの自分にはなかった側面が引き出されたり、今一度自分について見直さざるを得なくなったりする場合も少なくない。自分にとって、それぞれの恋愛がどのような意味をもつ経験なのか、考えてみることは有意義なことである。

コラム 9　性行動の低年齢化　性体験と育児の間の不連続をどう考えるか

「性行動」と「親になること」の両者はあなたの中で繋がっていますか？
　核家族化が進み、巷で性に関する情報は氾濫しているにもかからわず、『出産適齢期があるなんて誰も教えてくれなかった』『子どもをどう育てるのか、見たことがない』などという女性も増えています。

　次のページに載せた記事は読売新聞のものです。2005年の性教育協会の調査では、若者の性交経験が低年齢化し、経験率が激増していることが示されました。この現象の要因として、若者の「孤独感を埋めるための欲求」「寂しさを埋めたいという気持ち」があり、親が子どもに干渉しなかったり性感染症に対する知識がなかったりする等の問題も絡んでいると、記事では述べられています。

　ところが2011年の調査では、これまでみられた傾向が大きく変化し、若者の性交経験率が大幅に減少したのです（図7‐8）。なぜでしょうか。最近は恋愛や性行動に積極的でない、いわゆる「草食系」男子が増えているからでしょうか。また、「女子会」（註）を楽しむ女子が増え、女同士の方が楽しかったり、面倒でなくてよいと感じる人が多くなっているのでしょうか。異性との付き合いがおっくうであったり、自信がなかったり、一歩踏み出すのが怖かったりする人もいるかもしれませんね。あなたは異性との付き合いに対して、どのように感じているでしょう。

　また、これまでに言われてきた「孤独感」や「寂しさ」は、若者の中で解消されているのでしょうか。それとも孤独感や寂しさをつのらせつつも、異性に対してそういった気持ちを向けようとしなくなってきたのでしょうか。

　「性行動」と「親になること」は、あなたにとってどのような意味を持っていますか。
　異性を愛すること、新たな命を育むことについて、友達や家族と、話し合ってみてはいかがでしょう。

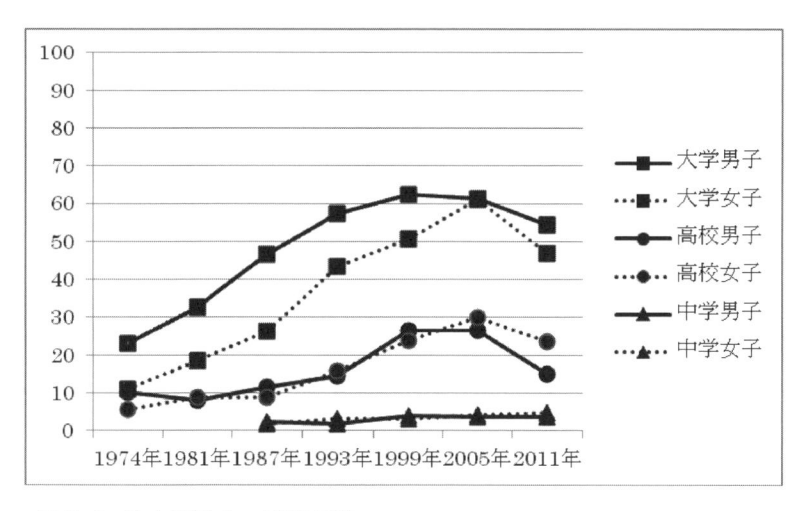

図7-8　性交経験率の推移(%)　　　（原・片瀬, 2012より作成）

註）居酒屋チェーンの女性専用プランメニューで使用されたことから広がり、2010年には「第27回新語・流行語大賞」（ユーキャン）を受賞した。

相談・啓発 心身支えたい

生活Wide わいど

「孤独感からの欲求」根底に

公立中学の養護教諭で、「自立クライシス」（岩波書店）の著書もある金子由美子さんは、何人もの若者から性や妊娠の相談を受けてきた。その経験から、無防備に見える若者の行動には「孤独感を埋めたい欲求」があると指摘する。

「親や周囲の大人がリストラ、離婚、不倫などの悩みを抱え、その不安が子どもたちにも伝わっている。コミュニケーション力が十分に育っていない中、寂しさを埋めたいという気持ちが性交へのハードルを低くしている」と金子さんは言う。

医師や助産師などで作る「性と健康を考える女性専門家の会」会長で産婦人科医の堀口雅子さんは、都内で思春期の無料相談室テイーンズカフェ」も開いている。

堀口さんは、若者の性に対するハードルが低くなった背後に、親の意識の問題があると指摘する。「今の親は婚前交渉を当然と考えてきた世代で、子どもの帰宅が遅くても干渉しない。妊娠は心配しても、性感染症については知識がなく、未成年に流行していることも知らない。まず親たちに性感染症や早すぎる性交のリスクなどを認識してもらうことが必要」と言う。

堀口さんは、性行動の低年齢化は、性産業の広がりや、栄養状態の向上で子供の成熟が早まったこととも要因と見る。「親や周囲は幼いうちから性を大切にすることを子に教えてほしい。子供向けの本を活用したり、信頼できるホーム産婦人科医を持つのもいい」と助言する。

女子の「経験率」激増
進む低年齢化

data でーた

日本の若者の性行動は1990年代に急速に活発になり、低年齢化も進んだ。

1974年から「青少年の性行動全国調査」を定期的に行ってきた財団法人「日本性教育協会」の調査によると、過去20年で10歳代の性交経験率は大幅に上がった＝グラフ＝。特に女子の上昇が大きく、「性的経験の早期化と男女差の消滅」がみられると同財団は分析する。

一方、全国の約1000の主な医療機関で、クラミジアの治療を行った15〜19歳の女性は95年に2635人だったが、2005年に3533人に増えた。同年代の男性は同じ時期、1004から969人と横ばいだった。

●年齢別の性交経験率

財団法人日本性教育協会「青少年の性行動全国調査」より

堀口雅子さん　金子由美子さん

讀賣新聞二〇〇七年一〇月一七日（水曜日）版

コラム10　デートDVを知っていますか？

DV（ドメスティック・バイオレンス）は、夫婦など親密な関係にある人からの暴力です。とくに交際相手からの暴力を『デートDV』といいます。

①具体的に暴力ってどんなこと？
デートDVは、つきあっているお互いが対等の関係ではなく一方が力で相手を自分の思うようにする（支配する）ことです。
◎身体的な暴力…殴る蹴る、ものを投げつける、髪の毛をひっぱる、つきとばす、など
◎性的な暴力…無理矢理キスやセックスをする、避妊をしない、など
◎言葉での暴力・精神的な暴力…バカにしたり見下したりした言葉を使う、無視する、大事なものをこわす、など
◎経済的な暴力…お金をねだる、借りたお金を返さない、など
◎社会的な暴力…勝手にメールをチェックする、きたメールにすぐに返事をしないと怒る、自分以外のメールアドレスを消す、友だちにあわせない、など

②どうして起きるの？
起きる背景には「力の差」「女らしさ男らしさの思い込み（女性はかわいくてか弱い男性につくすもの、男性は力強くてたくましい女性を守るもの、など）」「暴力容認の考え（時にはなぐってもよい、つき合っているなら思い通りにしても当然、など）」があると言われています。

③10歳代から20歳代の頃の交際相手からの被害
内閣府の調査では、「身体に対する暴行」「精神的な嫌がらせや恐怖を感じるような脅迫」「性的な行為の強要」をされた経験があると答えた人は、女性13.6％、男性4.3％（女性943人、男性799人から回答）となっています。特に20代においては、女性21.3％、男性9.4％（女性136人、男性106人から回答）と高い数値になっています（内閣府、2009）。

④もしかしたら被害を受けているかも…被害を受けている友達に相談されたら…
どんな理由があれ、暴力を受けていいということはありません。あなたが悪いのではありません。暴力をふるう人が悪いのです。我慢せず、一人でなんとかしようとせず、信頼できる大人や、大学の保健管理センターなどに相談しましょう。先の調査では、被害についての相談先として友人・知人が53.1％となっています。被害を受けている友達から相談をされたら、「あなたは悪くない」と伝え、否定をせずに話をゆっくりききましょう。そして、相談できるところを教え、場合によっては相談機関に一緒についていってあげましょう。

≪参考資料≫
「男女間における暴力に関する調査」（内閣府平成21年3月）
http://www.gender.go.jp/e-vaw/chousa/h2103zenbun.html

コラム11　男性，女性は当然のもの？

　男性・女性という性別は、いつどのように生じるのでしょうか。人間の性を決定するのは性染色体です。卵子（X 染色体を持つ）に X 染色体を持つ精子か Y 染色体を持つ精子のどちらが受精するかで性別が決まります。XX の場合女性となり、XY の場合男性となります。

　しかし、性の分化はそう単純ではありません。もう少し詳しくみていくと、男性の場合、妊娠 8 週頃から精巣から男性ホルモンが作られ始め、それによって性器の分化が生じます。性器はもともと女性型であって、そこに適切な時期に適切な量のホルモンが分泌された時に、男性型に変わっていくのです。また、男性ホルモンは、出生後再びさかんに分泌されるようになりますが、それによって脳の男性化が起こると言われています。そして、脳の性分化は、生後 4 年間の"育て方"という文化的な要因によっても影響を受けると言われています。つまり、男性ホルモン分泌の過多・過少によって、場合によっては、遺伝子の性、性器の性、脳の性がずれてしまうことがあるということです。性同一性障害（gender identity disorder：GID）は、身体的な性別と脳の性別にズレが生じ、身体的な性別に不快感や違和感などをもち、反対の性で生きたいと強く望んでいる状態と言えるでしょう。

　私たちは、男性であること、女性であることを自明のものと考え、知らず知らずのうちに「男らしさ」「女らしさ」といった価値観を取り入れています。しかし、性器も脳も分化していくものであり、その分化の程度は人によって様々、完全なる男性も完全なる女性もなく、グラデーションがあるということです。

　みなさんも、「男性」であることや「男らしさ」、「女性」であることや「女らしさ」について、自分自身がどのような考えを持っているのか、この機会に考えてみましょう。

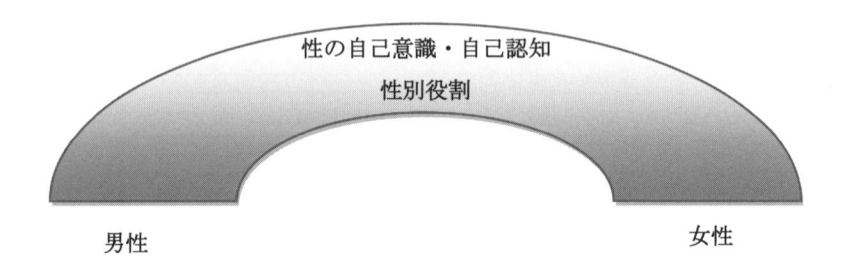

性の自己意識・自己認知
性別役割

男性　　　　　　　　　　　　　　　　　女性

≪参考資料≫
村瀬幸浩著（2010）：SEXOLOGY NOTE セクソロジー・ノート．十月舎．

≪参考文献≫

Gabbard,G.O/(1994)：Psychodynamic psychiatry in clinical practice：The DSM-Ⅳ edition.Waschington,D.C.American psychiatric Press.

原純輔・片瀬一男（2012）：第7回「青少年の性行動全国調査」（2011）の概要．現代性教育研究ジャーナル，17，1-8　http://www.jase.faje.or.jp/jigyo/journal/seikyoiku_journal_201208.pdf

柏木恵子（2003）：家族心理学．東京大学出版会．

経済企画庁（1995）：国民生活選好度調査：
http://www5.cao.go.jp/seikatsu/senkoudo/j-j/doc/senkoudo-j-j.html

厚生労働白書平成23年度版：http://www.mhlw.go.jp/wp/hakusyo/kousei/11/

国立社会保障・人口問題研究所：第14回出生動向基本調査結婚と出産に関する全国調査独身者調査の結果概要：http://www.ipss.go.jp/ps-doukou/j/doukou14_s/doukou14_s.pdf

Lee,J.A.（1974）：The styles of loving. *Pscychology Today*,　October,　43-51.

Lee,J.A.（1977）：A typolpgy of styles of loving. *Personality and Social Psychology Bulliten*, 3, 173-182.

松井豊（1990）：青年の恋愛行動の構造．心理学評論33，355-370．

松井豊（1993）：恋ごころの科学．サイエンス社．

村井潤一編（1977）：発達の理論—発達と教育・その基本問題を考える．ミネルヴァ書房．

内閣府（2009）：男女間における暴力に関する調査：
http://www.gender.go.jp/e-vaw/chousa/h2103zwnbun.html

落合良行・楠見孝編（1995）：自己への問い直し—青年期講座生涯発達心理学4．金子書房．

高橋俊彦・近藤三男編（2004）：改訂大学生のための精神医学．岩崎学術出版社．

滝川一廣（2004）：新しい思春期像と精神療法．金剛出版

谷冬彦・宮下一博編（2004）：シリーズ荒れる青少年の心　さまよえる青少年の心．北大路書房．

氏原寛・東山弘子・岡田康伸編（1990）：現代青年心理学—男の立場と女の状況—．培風館．

第8章 思春期・青年期における心の病

> 【学びのポイント】　思春期・青年期は、心身の変化だけでなく、親や友達、異性との関係も大きく変化する時である。そのような時期には、身体にまつわる病、人間関係にまつわる病が身近なものとなりやすい。また、時代の変化による影響も大きく受ける。どのような病があるのか、またその心理的な特徴や対応について学んで欲しい。

≪思春期・青年の不安≫

　思春期・青年期は、比較的安定している学童期と成人期をつなぐ時期であり、心身ともに急激に変化していく時期である。そのため、不安症状が出やすい傾向にある。（青木，2001）

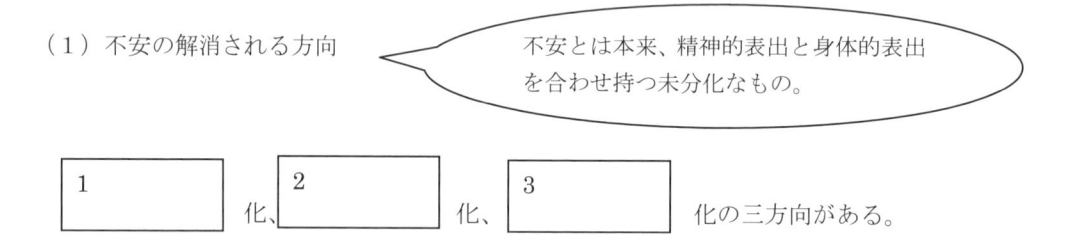

（1）不安の解消される方向

　　　　　不安とは本来、精神的表出と身体的表出を合わせ持つ未分化なもの。

　　| 1 　　　|化、| 2 　　　|化、| 3 　　　|化の三方向がある。

（2）児童期の不安の表出方向から成人の不安の表出方向への推移

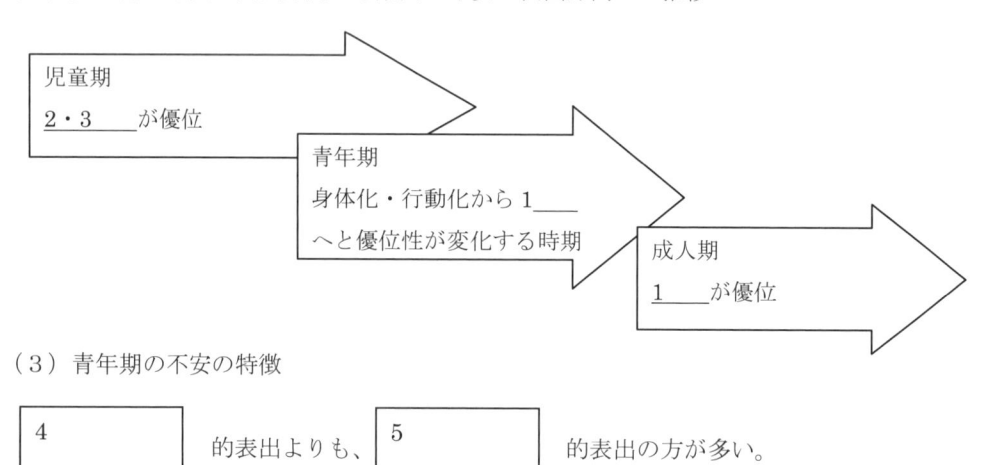

　児童期
　2・3＿＿＿が優位

　　青年期
　　身体化・行動化から1＿＿＿
　　へと優位性が変化する時期

　　　成人期
　　　1＿＿＿が優位

（3）青年期の不安の特徴

　　| 4 　　　|的表出よりも、| 5 　　　|的表出の方が多い。

　身体的表出の例：心悸亢進、胸内苦悶、呼吸困難感、咽頭閉塞感、口渇、上腹部不快感、手足のしびれ、発汗、のぼせ、ふらつき、めまい感、振戦、頻尿・・・

青年期の、少なくとも神経症レベルの不安の場合、不安を無理やり解消するのではなく、

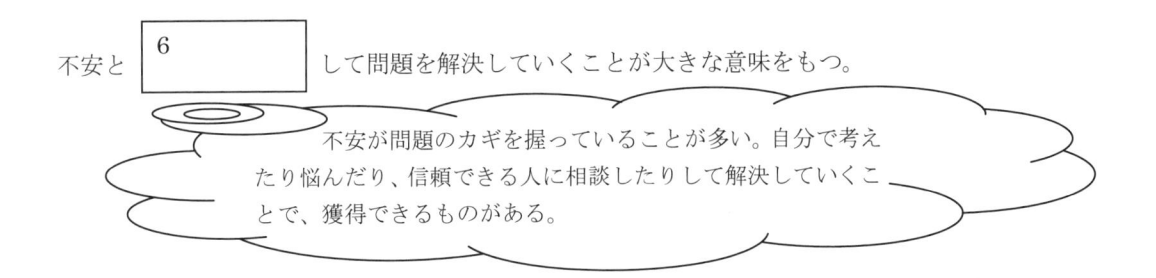

不安と　6　　　　　　して問題を解決していくことが大きな意味をもつ。

> 不安が問題のカギを握っていることが多い。自分で考えたり悩んだり、信頼できる人に相談したりして解決していくことで、獲得できるものがある。

≪思春期・青年期になりやすい心の病≫

思春期・青年期は、心身の変化が大きく、心が追いつかずに不安が高まりやすい。
周囲の人に嫌われないため、見捨てられないための過剰適応として、心の病に陥ってしまうことがある。
親の評価が気になったり、友達との会話に気を遣ったり不安に思ったりしたことはなかっただろうか？

1) 　7　　　　　　　anthoropophobia

　家族やまったく知らない人に対しては平気だが、知り合い（同級生や先輩・後輩、親戚、二回目以降に出会う人など中途半端に知っている人）の間に入るとどうふるまったらよいのかわからず困ってしまう。大人数や2人だけという状況は案外平気だが、10数人程度の少人数や、3人で集まると、緊張する。

　　疑問　：　何でこんなことに？

　　　　思春期は心身共に変化が大きく、自意識が高まる時期。自分が変われば人との関係も変化する。
　　→　しかし、「自分が変わってきている」という自覚が追いつかず、周囲の人たちの方が変化してしまったと感じ、恐ろしくなる。また、日ごとに変化していく自分のことが捉えきれず、人とどう接したらいいのかも判らなくなる。

解決へのヒント：思春期を過ぎ青年期に入ってしばらくすると自然と解消されていた、という人も多い。自意識に振り回される大変さは、30歳まで待ってみようという考え方もある。森田療法なども参考にしてみよう。

思春期は、対人恐怖症の亜型である、醜貌恐怖症 dysmorphophobia ・ 自己臭恐怖症 eigengerufsphobia の好発期でもある。

> 対人恐怖は、もともと日本人に特有の病だが、以前に比べて減ってきていると言われている。対人恐怖の人が苦手とする知り合いについて、河合俊雄（2010）は、近所のおばさんや同じ教室のクラスメイトのように「なんとなく自分の周りにいる、これまでゆるやかな共同体を形成してきた人たち」とし、「実は自意識によって生み出されてきている想像上のもの」であって、「近代主体（註）の確立をめぐる」典型的な神経症、としている。
> 　日本において対人恐怖が減っているのは「近代主体の確立がいつの間にか重要でなくなって、葛藤や罪悪感のない（河合, 2010）」あり方へと形を変えているのかもしれない、と考えられている。　　　　　　　　→　第6章、第7章の、境界性人格障害、解離、も参照のこと。
>
> 註）近代主体：物や集団のほうに主体があった前近代的なあり方が、個人の意識に主体が移されること。すべての物の存在を疑ったデカルトの懐疑に代表される。

2）　| 8 |　　　　　　　　　　1960年代後半から

アパシー　＝　無感動・無関心

> **スチューデント・アパシー　＝　青年期にみられる特有の無気力状態　（笠原嘉, 1977）近代主体の典型的な例**
> 　それまで特に問題なく過ごしてきた、あるいは良くできる子とさえ見られてきた学生が、大学入学後のある時期に、学業上のささいなつまずきなどをきっかけにして授業を休むようになる。やがて急速に勉学への意欲を喪失する。
> 　学業以外の日常生活は普通に送っており、アルバイトなどには積極的ですらある。家の人には気づかれないまま、無気力な生活を続け留年を繰り返す。

＊こんな場合はアパシーかも・・・＊
① 全か無か。まあまあできただけでは無意味だと感じる
② アイデンティティの混乱。就職、進路に迷いがあって決められない。
③ 勝敗に敏感。あらかじめ負けが予想される事態を避ける。競争から降りる。
④ 友人関係が希薄。ひきこもりがち。
⑤ 不安、焦り、葛藤などがあまりない。空虚感がある。
⑥ 睡眠覚醒のリズムが乱れている。

3) ┌─────┐
   │ 9 │
   └─────┘

最近、急激に注目が高まっている**ひきこもり**は、診断名ではなく状態を示す言葉（図8-1）。
病気なのか？　性格なのか？　悩みにはまってしまっているのか？

> 重篤な精神疾患（統合失調症やうつ病など）のために二次的にひきこもりの状態にある場合以外の増加が著しいために区別され、2001年、厚生労働省が定義。

*社会的**ひきこもり**　の定義（斉藤環）
 （1）6ヶ月以上、自宅にひきこもって社会参加（家族以外の親密な人間関係を持つことを）しない状態が続いている
 （2）他の精神障害が、その第一原因としては考えにくい

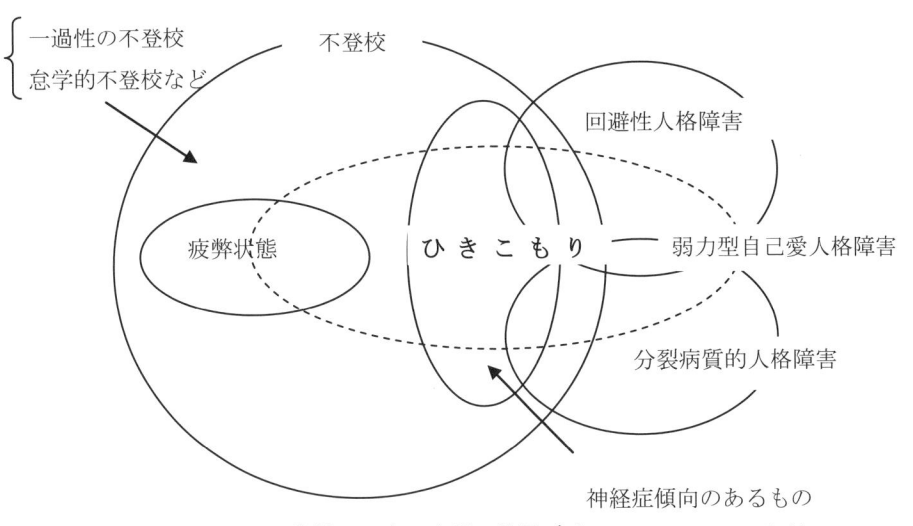

図8-1　不登校・ひきこもりの位置づけ（鍋田、2001より作成）

> ひきこもりを奨励する人もいますが・・・

*ひきこもりの実体
・不登校、家庭内暴力、強迫症状、対人恐怖症などの症状を伴うことが多い。
・視野の狭さ、かたくなさなど、思春期特有の考え方や、自己愛的な構えがあることが多い。
・自分の状況を客観的に捉える余裕がなく、専門的援助を拒否することがほとんど。

- ひきこもり人口は推定80万～120万人（2001年4月現在　尾木直樹の調査結果より）
- ひきこもりの人の年齢は、10代、20代、30代、40代にわたっている。

＊社会的背景

　少子化、核家族化、知識偏重教育、結果・納期最優先の合理的社会、便利な社会等

> 「ひきこもる」時間は、何かを**創造する**時に有意義な時間となる可能性があると言われるけれど、現代社会の特徴からくる問題は無視できない。

> 1960年代から問題となり始めた「不登校」（＝病気や経済的理由以外の、何らかの心理的、情緒的、身体的、あるいは社会的背景により、児童生徒が登校しない、あるいはしたくてもできない状況にあること。年間30日以上の欠席）は12万7千人（平成20年度文部科学省の学校基本調査）。以前は神経症的な不登校が中核。現在はタイプ分けしにくい「複合型」が増えている。

[10]　（山中，1978）：外的には社会的自我の未成熟とされる消極的な面をもちつつも、内的には新たな自分が育ち始めている時期という考え方。（「思春期内閉論」）

↓

しっかりと内的な旅に付き合うことで、自我発達の成長をたどれることが多かった。

しかし、
　現代社会の特徴からくるひきこもりは、例えば…

◆[11]　（牟田武生，2004）

現象：インターネット、ゲームから離れられない。日常生活に支障をきたしている状態

ⅰ）タイプ1…**不登校の後にひきこもり、その中でネットやゲームにはまっていった。**
　＊寂しさ、自信のなさが背景にある。それにつきあっていくことが大切。

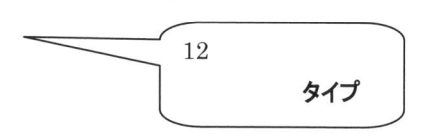

　　　　　　　　　　　　　　　　　　　　　　　　　[12　**タイプ**]

ⅱ) タイプ2・・・ネットやゲームをやっているうちに生活リズムが崩れて登校できなくなった。正当化しがち。
 ＊自制心がなく、ゲームに依存している。罪悪感があるうちに抜け出すことが大切。

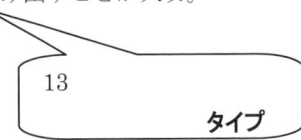

　　　　　　　　　　　　　　　　　　　　　　　　　　　13　　　　　タイプ

＊「ひきこもり」への対処　～タイプにより、資質の傾向や対応が異なる～
　・放置しても、状態が変化することが少ないと言われる。
　・現在は、ひきこもり支援の団体が全国に複数できている。

ⅰ) 従来タイプ・・・情緒的に不安定。対人恐怖、不安傾向。人間関係に消極的。自信がない。

　ポイントは　14＿＿＿＿＿＿
　精神的な基盤、拠り所を作り直すことで、安定した生活を送り始めることができるようになる。

　　　　　　　しかし、従来タイプは減ってきている。

最近のひきこもりを、従来の対人恐怖やスチューデント・アパシーと比べると…
★　「対人恐怖」は、人から嫌われることを恐れて人間関係を避けようとするが、ひきこもりは人とのかかわり方そのものがわからないとか、小さい頃から周囲になじめない感じが強いケースが多い。
★　「スチューデント・アパシー」は、傷つくのを恐れて本業から退くが副業は生き生きと活動できたのに対して、ひきこもりは社会参加そのものができないのが特徴。

ⅱ) 新型タイプ・・・情緒的には安定でも不安定でもない。人間関係に消極的。1995年頃から急増。外出できる。登校刺激や追いつめる対応をしなければ、不安や葛藤・緊張などは起きないため、ひきこもりが長引く。

　ポイントは　15＿＿＿＿＿＿
　退屈になった時に、興味のあることに引き込んだり、日常生活に戻るような道をつけると元の生活に戻れることがある。

新型タイプのひきこもりには、発達障害を背景にもち、対人関係のスキルが貧困な場合もある。重篤な精神疾患でない場合でも、どんな病理があるのかを見極めることも大切。

＊成熟して周囲とうまくやっていくには？

・目指すものは ┌──16──┐ の二つの条件

①他人との ┌──17──┐ 　〜「甘え下手」から、リアルタイムで情緒的な交流へ〜

② ┌──18──┐ 能力　〜欲求不満を衝動的に表現せず、欲求や願望の実現を待つ忍耐力〜

> あなたはどう思う？
> 　「良いひきこもり」「豊かなひきこもり」「ひきこもりは素晴らしい」、というように、**ひきこもり礼賛**をする立場がある。それとは違い、ひきこもりの**存在を受け入れ**ながら、**社会の中に引っ張り出そう**という試みをしている人たちがいる。
> 　ひきこもりを理解していくことは、現在日本人全体が抱えている課題である。

4) ┌──19──┐

知的な発達に遅れはないが、偏り・発達のアンバランスさがみられる。生物学的な要因による。
思春期・青年期になると、それまで未診断・未治療だったケースの問題が顕在化することがある。

＊障害の内容と引き起こされる問題

① ┌──20──┐ の問題

　背後の意味やニュアンスが分からず、字義通りに受け取る。状況に応じた発言が難しい。

　　例：好きな子に告白したら「友達でいようね」と言われたが、背後にある拒否感を察することができない。

② ┌──21──┐ の問題

　常識や規則が、状況や立場によって変わることや、規則の背後にある意味が理解できない。
　TPOがわきまえられないため、トラブルとなる。

例：初対面の女性に必ず身長を聞く。その理由は「相手が女性だと体重を聞くのは失礼に当たります」とのこと。

③想像性に乏しい・[22]が強い

特定のことに固執して柔軟に対応できないため、大切なことが抜け落ちたり失敗したりする。

例：試薬ＡとＢを混ぜると必ずＣになると習ったが、実際はそうならなかった。「そんなことありえない」と受け入れられず、実験に行けなくなった。

④集団の中で状況に対応することが難しい：孤立したり、ノートのコピー元として重宝されたり、友達を作ろうとしてストーカー扱いされてしまったりする。対等の関係を築くのが難しい。

> 本人に悪気はなく、わがままでもないのに、現実場面での失敗や周囲とのすれ違いが多い。周囲からは、性格の問題、怠けている等とみられてしまう。本人は傷つき体験を多く積み重ね、劣等感・被害感を感じたり、自分を責めたりする。

◆大学生に発達障害の学生が増加している。
　生活しやすい工夫を、考えていこう。

＊優れた能力

彼らの中には、独特で極めて優れた能力をもつ人もいる。
・記銘力・興味のある領域の記憶力
・計算力・カレンダー問題
・資格的な模倣力・描写力

> 得意なことを伸ばすのがよいと言われる。

> フィッツジェラルド（2008）は、哲学者・音楽家・芸術家の特性の中に、そうした特徴が認められるという見解を示している。
> また、斎藤・西村・吉永（2010）は、大学生になるまで障害と気付かれずにいる人は、むしろ高い学力をもっており自分なりに対処してきた人が多いので、それを障害受容という視点でみるのではなくて、あくまで特性理解として対応する、「高機能発達不均等」という概念を提唱している。

次にあるのは、自閉症スペクトラム指数（AQ）日本語版である。本来は50項目ですが、15項目を抜粋している。みなさんはどのくらい当てはまるだろうか？

自閉症スペクトラム指数（AQ）日本語版

左側の質問の文を読んで、右側の（1）そうである（2）どちらかといえばそうである（3）どちらかといえばそうではない（ちがう）（4）そうではない（ちがう）の中から、自分について最も適当なものの数字に○をつけてください。

	そうである	どちらかといえばそうである	どちらかといえばそうではない（ちがう）	そうではない（ちがう）
1. 同じやりかたを何度もくりかえし用いることが好きだ。	1	2	3	4
2. ほかのことがぜんぜん気にならなくなる（目に入らなくなる）くらい、何かに没頭してしまうことがよくある。	1	2	3	4
3. 他の人が気がつかないような小さな物音に気がつくことがよくある。	1	2	3	4
4. 車のナンバーや時刻表の数字などの一連の数字や、特に意味のない情報に注目する（こだわる）ことがよくある。	1	2	3	4
5. 自分ではていねいに話したつもりでも、話し方が失礼だと周囲の人から言われることがよくある。	1	2	3	4
6. 日付についてのこだわりがある。	1	2	3	4
7. パーティーなどよりも、図書館に行く方が好きだ。	1	2	3	4
8. それをすることができないとひどく混乱して（パニックになって）しまうほど、何かに強い興味を持つことがある。	1	2	3	4
9. 自分が話をしているときには、なかなか他の人に横から口をはさませない。	1	2	3	4
10. 小説などを読んだり、テレビでドラマなどを観ているとき、登場人物の意図をよく理解できないことがある。	1	2	3	4
11. 小説のようなフィクションを読むのは、あまり好きではない。	1	2	3	4
12. 新しい友人を作ることは、むずかしい。	1	2	3	4
13. 会話をどのように進めたらいいのか、わからなくなってしまうことがよくある。	1	2	3	4
14. 特定の種類のものについての（車について、鳥について、植物についてのような）情報を集めることが好きだ。	1	2	3	4
15. 他の人の考え（意図）を理解することは苦手だ。	1	2	3	4

（若林・東條, 2004 より抜粋して作成）

アスペルガー症候群であるがゆえに、いろいろな誤解からくる葛藤が続き、二次的障害として

[23]　　　　　、強迫性障害、不登校・ひきこもり、逸脱行為等が生じてしまう場合もある。

＊必要なのは・・・
・早期発見・早期療育
・特性に合った方策を工夫して使うこと
・周囲の人の理解・本人と家族への支援

> 具体的で適切な対応法を学び、実践することで、少しずつ生きやすくなってゆきます。

5） 児童期の虐待の影響による [24]

児童期に虐待を受けた場合、その影響が青年期にも及ぶ。
深刻な心的外傷を体験した時に、心の一部を麻痺させてやり過ごす（＝「解離」）ことがある。
しんどかった場面をよく思い出せなかったり、悲しいはずの場面で感情がわかなかったり、自分の過去の人生についての記憶が失われていたり・・・

＊必要なのは・・・
・病理（SOS）と成長の両面から捉えること
・解離が「生活のじゃまをしない」ものになるよう見守ること

あなたやあなたの友達にとって身近な話も出てきたのではないだろうか。
気になる部分は、参考文献を読んでみたり、友達や親、頼れる大人などに話してみたりすると解決の糸口がつかめるかもしれない。

≪自傷行為・自殺について≫

◆自傷行為について

> 複数のアンケートによると、中学生・小学生のおよそ1割に「自分で自分の身体を切る」という様式の経験があると言う（山口と松本，2005：Izutsu et al，2006：Matsumoto & Imamura,2008:Katsumata et al,2008）。そして、そこに顕著な性差はみられず、過去に1回以上の自傷経験のある生徒のうち、その半数が10回以上の自傷経験をしていると言う。
> 自傷行為はもはや、稀な現象とは言えない状況にある。
> 　　　　　　　　　　　　　　　　　　　　　　　　　　　　　　　（松本, 2009）

（1）自分を傷つける様々な行為

よく知られているのはリスト・カットであるが、それ以外にも下記のような行動が挙げられる。
物質乱用・食行動異常・不特定多数との性交渉など性的な危険行為・暴走、暴力行為

> 自殺既遂者のうち、リスト・カット等の刃物刺傷によるものは1％程度にすぎない。

（2）なぜ自傷行為をしてしまうのか

死ぬためでなく、 25 　　　　　 ために自傷行為をする。

無意識の自殺願望を身体の一部に局所化することで、全体的な自殺を回避する方法、と述べている心理療法家もいる。

> 「自分の身体が傷つくだけで、人に迷惑をかけるわけじゃないし」という言葉も聞かれますが・・・

自傷行為によって、 26 　　　　　 からの回復が促される場合がある。

「切っている時に痛みを感じないけど、血をみると我に返って『あ、生きてる』と思ってホッとする」

（3）自傷行為の意味

・ 27 　　　　 やストレス、不安、緊張感、怒りを鎮める

・ 28 　　　　 として

このメッセージに対して周囲が驚いて何らかの反応を示して'結果'が得られると、自傷行為によって周囲をコントロールすることに成功することになり、ますます繰り返してしまうことにもなりかねない。

・ 29 　　　　 のひとつ

きっかけは様々でも、慢性化、嗜癖化していく。

> 自傷行為については、それに至る様々な背景があり、ケースによって様々である。自傷することのメリットさえあるため、緊急性がない場合には、どのようなメッセージが込められているのかを考えることも必要である。

> 松本（2012）は、「自分を傷つける若者はたしかにさまざまな方法で自分の健康を害し、自分を大切にしない行動を繰り返しているが、そのなかでもっとも自分を大事にしない行動は、リスト・カットでも、飲酒や喫煙でも、拒食や過食・嘔吐でもなく、『悩みを抱えているのに誰かに相談しないこと、助けを求めないこと』である」と述べている。そして、「『すべての大人が信頼できるとは思わないが、三人に一人は信頼できる大人がいる』と考えています。…中略…ですから、諦めずに少なくとも三人の大人に相談することです」と述べている。
> あなたがこのような問題で悩んでいるとしたら、そして、身近にこのような問題で悩んでいる友だちがいたら、思いきって、大学の保健管理センターなどに相談してみよう。

◆自殺について

日本では、1998年に自殺者が急増し、現在では年間3万人以上の人が自殺により命を落としている。

20〜39歳の世代では自殺が死因の1位となっており、私たち自身が考えねばならない大きな課題となっている。

(1) 自傷行為と自殺の違い

・自殺を考える者は、名状しがたい ［30］ を抱えており、自殺はそれを解決するための唯一の方法だと思い込んでしまうが、自傷は、自分の意識状態を変容させることで、何とか苦痛を一時的に ［31］ ために行われる。

・自殺の背景には ［32］ や ［33］ があり、自殺は漆黒の闇に差し込むただ一条の光に見えてしまう。

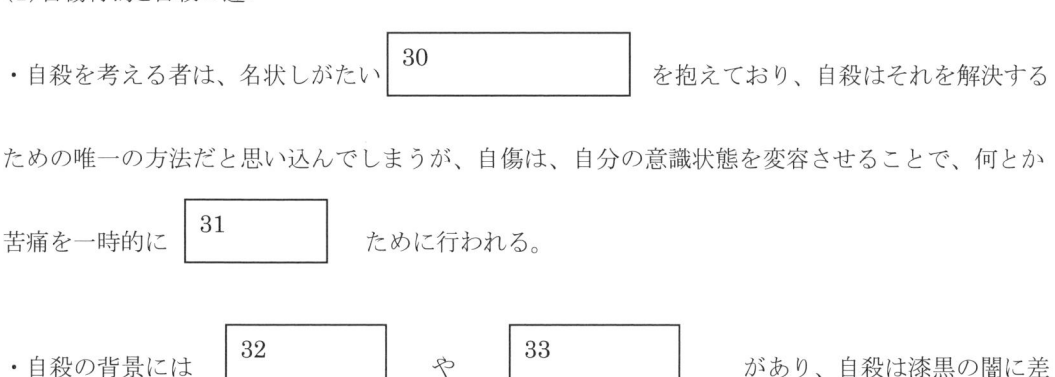

≪青年期の自殺≫

青年期には、「死」について考えたり、ある時突然生きることがどうでもよくなったりする場合がある。「いかに生きるか」に心が焦点づけられている時、「死」の影は後退するが、ふとした機会にそれは顔を出してくる。

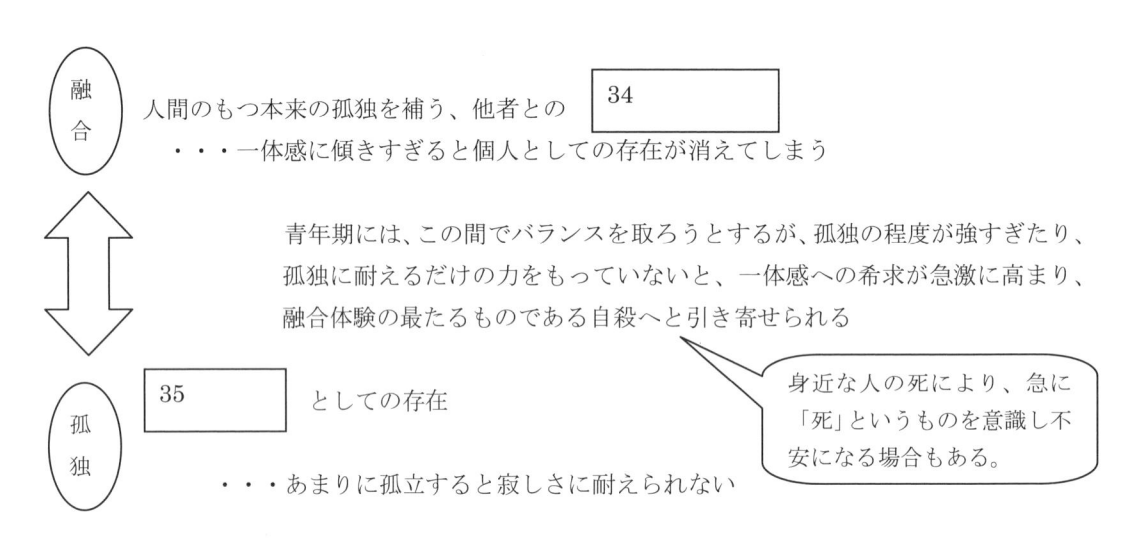

融合　　人間のもつ本来の孤独を補う、他者との　34
　　　　・・・一体感に傾きすぎると個人としての存在が消えてしまう

青年期には、この間でバランスを取ろうとするが、孤独の程度が強すぎたり、孤独に耐えるだけの力をもっていないと、一体感への希求が急激に高まり、融合体験の最たるものである自殺へと引き寄せられる

> 身近な人の死により、急に「死」というものを意識し不安になる場合もある。

孤独　　35　としての存在
　　　　・・・あまりに孤立すると寂しさに耐えられない

青年期には、大人になるためのイニシエーションとして、象徴的な　36　の体験を超えることも必要である。

子どもの自分が死に、大人としての自分が再生するのである。

青年期は、「死」に近づく時期であるが、象徴的な死を体験することが難しい時代となっている。

> 通過儀礼の喪失した現代では、象徴的な死と再生を体験しにくくなっている。例えば、青年の遊びとしてのバイクの暴走やシンナー等は、通過儀礼が歪んだ形で生じているものだが、遊びにとどまらずに死んでしまうこともある。

◆自殺者の家族に生じる問題

> 「もっと〇〇しておけばよかった」「私が△△だから自殺してしまった」という罪悪感や自責感を持ちやすい。不眠、食欲不振、意欲の低下や、ひどくなるとうつ病やアルコール依存症、免疫力が落ちて身体疾患にもかかりやすくなる。

・1人自殺すると家族や親友、同僚などの5人以上がこのような深刻な状況に陥ると言われる。

・親しくない人が自殺した場合も、それが報道されると、生死の境界線上にある人のモデルとなってしまい、群発自殺や集団自殺を生むことも多い。
　　（例）　大学生を巻き込んだ練炭自殺などの社会問題

≪参考文献≫
　青木省三（2001）：思春期の心の臨床．金剛出版．
　福田真也（2006）：考え方と事例：自殺，自傷への対応．臨床心理学, 6(2), 185－193．
　福田真也（2007）：大学教職員のための大学生のこころのケア・ガイドブック．金剛出版．
　笠原嘉（1977）：青年期．中公新書．
　河合隼雄（1998）：青春の夢と遊び．講談社＋α文庫．
　京都ひきこもりと不登校の家族会　ノンラベル（2006）：どう関わる？思春期・青年期のアスペルガー障害．かもがわ出版．
　マイケル・フィッツジェラルド著　石坂好樹・花島綾子・太田多紀訳（2008）：アスペルガー症候群の天才たち．星和書店．
　松本俊彦（2009）：自傷行為の理解と援助．日本評論社．
　松本俊彦（2012）：問題に「気づき」「かかわり」、そして「つなぐ」．こころの科学 Special Issue 中高生のためのメンタル系サバイバルガイド．日本評論社, 2-7．
　牟田武生（2004）：ネット依存の恐怖．教育出版．
　鍋田恭孝（2001）：ひきこもりの心理．松原達哉編：「不登校・ひきこもり」指導の手引き．教員研修, 7月増刊号（教育開発研究所）．
　岡本祐子・宮下一博（2003）：ひきこもる青少年の心．北大路出版．
　斉藤清二・西村優紀美・吉永崇史（2010）：発達障害大学生支援への挑戦．金剛出版．
　斉藤環（2002）：社会的ひきこもり　終わらない思春期．PHP新書．
　富田富士也（2001）：新　引きこもりからの旅立ち．ハート出版．
　若林明雄・東條吉邦・Simon Baron-Cohen・Sally Wheelwright（2004）：自閉症スペクトラム指数（AQ）日本語版の標準化－高機能臨床群と健常成人による検討－．心理学研究, 75 (1), 78-84
　山中康裕（1978）：思春期内閉 Juvenile Seclusion—治療実践よりみた内閉神経症（いわゆる学校恐怖症）の精神病理—．中井久夫・山中康裕編：思春期の精神病理と治療．岩崎学術出版社, 17-62．

第9章 職業選択と就労をめぐる問題

> 【学びのポイント】 大学生活が終われば、いよいよ社会に出て働いたり、結婚して家族を築いたりというように、一人の社会人としての生活が始まる。進路決定を契機にしてこれまでの発達課題を改めて振り返る人もいるだろう。これからどのような生き方を選択するのか考えてみよう。

≪想像してみよう≫
　自分のこれからの人生で、「ありうる良い人生」と「ありうる悪い人生」を想像して、両方書き出してみよう。これから、大学を卒業して、就職は？結婚は？子どもは？仕事の成果は？老後は？

1）この時期に生じる課題
◆4年生は様々な迷いの生じる時期
　抽象的に「自分とは何者か」と問うのではなく、具体的な進路という形での自分らしさが問題になってくる。

- 就職か大学院進学か？
- 自分らしい進路とは何なのかが決まらない。曖昧である。
- 就職活動がうまくいかない不安、迷い、自信喪失。
- 進路決定後の迷い。「選んだ道が正しかったのか」「社会に入ってやっていけるか」
- 進路を巡って、親の期待とのズレに悩む。親の期待に沿うのか、自分らしい職に就くのか。

◆進路選択する中で直面する問題

- 今までの進路や生き方を振り返る「あの時ああしていれば」「こんな経験をしたな」
- 親子関係や対人関係のあり方を振り返る
- 自分の資質、性格について振り返る。未整理であった内的な課題に直面する。
- 選択しなかった進路への別れという内的作業
- 学生生活からの心的な分離という作業

2）この時期の父親の役割

　卒業や就職を目前にして、学生が ［　1　］ や ［　2　］ を示すことがある。

入学期には　[3]　（またはそれに代わる人）からの分離が課題となることが多く

↓

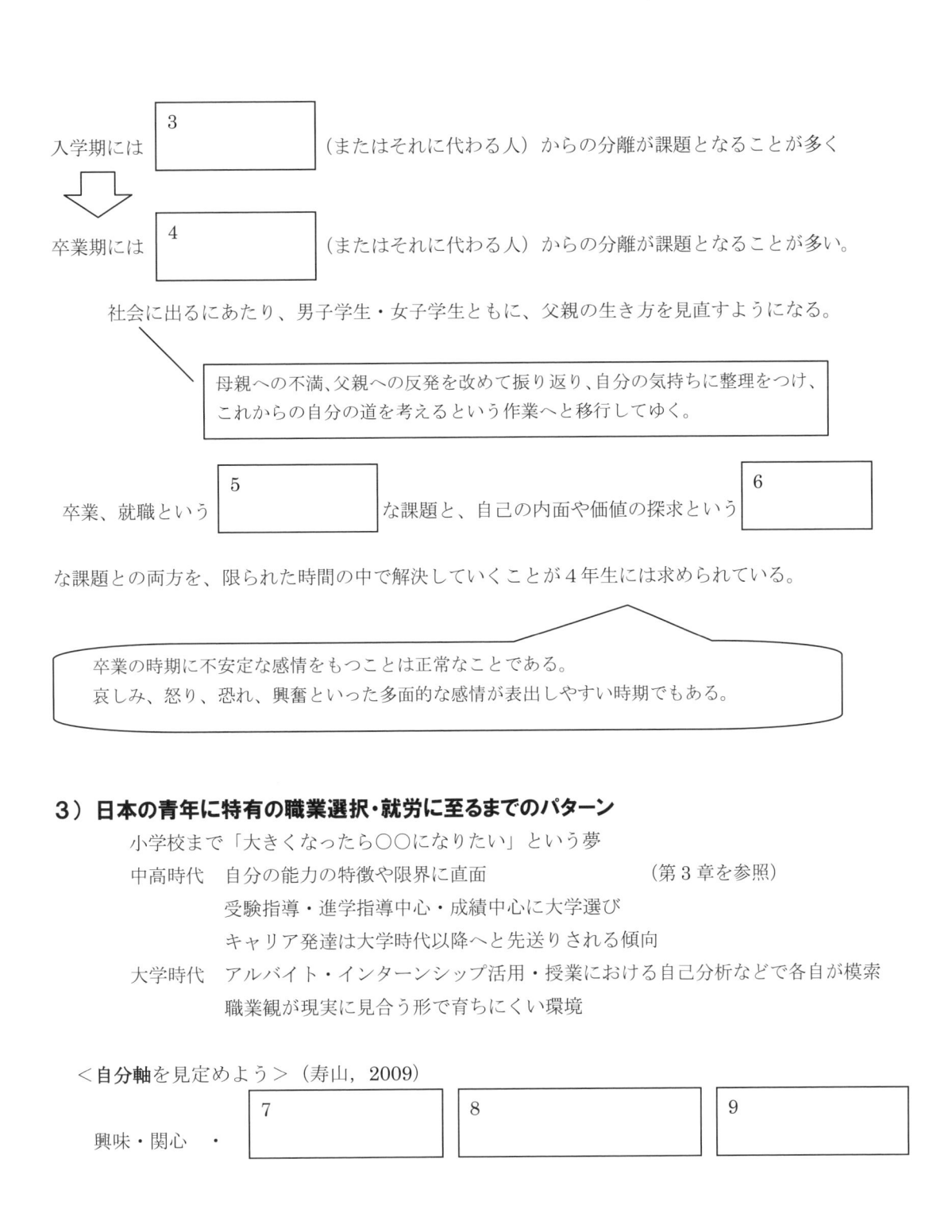

卒業期には　[4]　（またはそれに代わる人）からの分離が課題となることが多い。

社会に出るにあたり、男子学生・女子学生ともに、父親の生き方を見直すようになる。

> 母親への不満、父親への反発を改めて振り返り、自分の気持ちに整理をつけ、これからの自分の道を考えるという作業へと移行してゆく。

卒業、就職という　[5]　な課題と、自己の内面や価値の探求という　[6]　な課題との両方を、限られた時間の中で解決していくことが4年生には求められている。

> 卒業の時期に不安定な感情をもつことは正常なことである。
> 哀しみ、怒り、恐れ、興奮といった多面的な感情が表出しやすい時期でもある。

3）日本の青年に特有の職業選択・就労に至るまでのパターン

　　小学校まで　「大きくなったら〇〇になりたい」という夢
　　中高時代　　自分の能力の特徴や限界に直面　　　　　　　（第3章を参照）
　　　　　　　　受験指導・進学指導中心・成績中心に大学選び
　　　　　　　　キャリア発達は大学時代以降へと先送りされる傾向
　　大学時代　　アルバイト・インターンシップ活用・授業における自己分析などで各自が模索
　　　　　　　　職業観が現実に見合う形で育ちにくい環境

＜**自分軸**を見定めよう＞（寿山，2009）

　　興味・関心　・　[7]　　[8]　　[9]

深い自己分析によって自分の適性を見極め、印象深い自己PRによって就職活動を乗り切ろう。
次の表を完成させ、自己アピールを練ってみよう。

ライフラインチャート　　　　　　　　　　　　　　　　　　　　　　寿山泰二他（2009）より改変して作成

	出生〜小学校	中学	高校	大学
記憶に残った出来事				
記憶に残った理由				
成功体験				
失敗体験				
得たこと・学んだこと				

戦略的自己PRマトリクス　　　　　　　　　　　　　　　　　　　　寿山泰二他（2009）より改変して作成

項目	名称・内容	選択理由	得たこと	セールスポイント	エピソード
学部・専門ゼミ 卒論テーマ 得意科目					
クラブ・サークル ボランティア グループ活動					
アルバイト インターンシップ 就労体験					
長所（性格） 強み・好きなこと 自信のあること					
短所（性格） 弱み・嫌いなこと 自信のないこと					
夢・目標 未来の自分 やってみたいこと					

就職後　┌─────10─────┐　（幻滅体験）　抱いていたイメージとのギャップに

→　初年度のリアリティショックを克服できるかがその後の職業生活を左右するといわれる。
　　入社3年間の経験がその後のキャリア発達に影響を及ぼす。

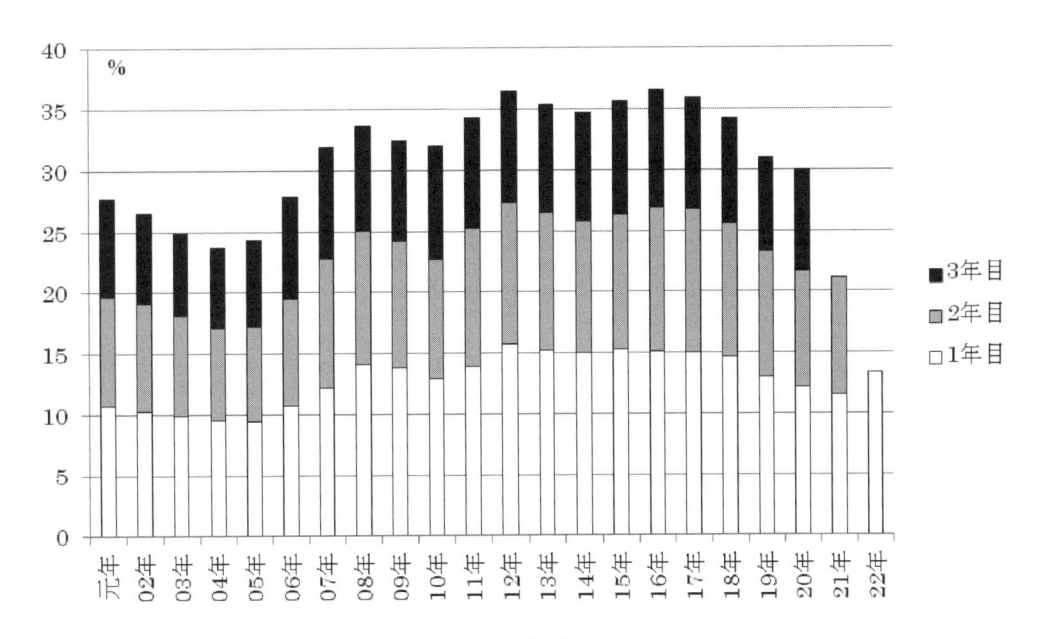

図 9-1　新規学卒就職者の在職期間別離職率の推移

厚生労働省「新規学卒就職者の在職期間別離職率の推移」
http://www.mhlw.go.jp/topics/2010/01/tp0127-2/dl/data_1.pdf より作成

就職後3年間の離職率の高さは、学校から職業への移行の難しさを表している。

> 離職率は、中卒で7割、高卒で5割。やりたいことができる職場につくのは大切だが、「我慢が足りない」などの声も聞かれる。満足のいく離職・転職は、どのように決めていったらよいのだろうか。

仕事がしんどい、やめたい・・・と考えた時、次の点を吟味してみよう。
離職の問題には、社会と青年の側の両方の要因がからんでいる。
　☆社会側：終身雇用という価値観がゆらぎ、大量採用から厳選採用へ変化してきた。

長引く不況で、働くことに明るい未来を見出しにくい現状。
自分の置かれた社会状況の中で、どのような道を選び取るのかという吟味が必要。

☆青年側：何のために働くのか、働くとはどういうことか、という価値観の吟味をしてみる。
「自分さがし」が目的化されていないかどうか。
健康な自己愛が保てているか。（第6章、第8章を参照）
職場の人間関係がうまくいっているか（相談相手を見つけるなど）。

4）歴史的な流れ　若者の　[11]　化傾向

青少年が無気力化し、非社会的になってきている！？

1970年代　シラケ世代
　　　　　登校拒否・学校恐怖症・不登校へ

1980年代　「おたく」と呼ばれる青少年の増加

1980年代後半　「フリーター」の命名
　＊フリーターとは：15歳から34歳までの正社員以外の就労形態（パートタイマー、アルバイト、派遣も含む）で生計を立てている人。働く意志のある無職の人も含む。

1990年代　「社会的ひきこもり」が社会問題化
　＊社会的ひきこもりの定義：6カ月以上社会参加がなく、精神障害を第一の原因としない若者

1990年代後半　[12]　（山田昌弘, 1999）
　＊パラサイト・シングルの定義：学卒後もなお親と同居し、基礎的生活条件を親に依存している未婚者

2000年代　「ニート」問題
　＊ニートの定義：Not in Emplpyment, Education or Training の略。仕事をせず失業者として求職活動もしていない非労働力のうち、15～34歳で卒業者かつ未婚で、通学や家事を行っていない者
　　（小杉礼子, 2000）

> 近代化された成熟社会においては、個人のモラトリアム期間が著しく延長されるため、成熟度は必然的に低下する。
> 共同体意識が薄くなったため、通過儀礼が形骸化した現在、共同体の価値観を徐々に内面化する必要性・希求性が低下し、若者が非社会化することに。

ただし・・・

ひきこもりやニートが問題視されるのは、あくまでも就労・就学・結婚・独立を良いものとみなす価値観が前提である。もし、この価値観を前提としない者があえて積極的に非社会的ライフスタイルを選択しているならば、この状態を問題視したり病理化したりする視点そのものが無効となる。

実際のひきこもりやニートの若者たちは、この種の価値観に縛られていることが多いのだが・・・・

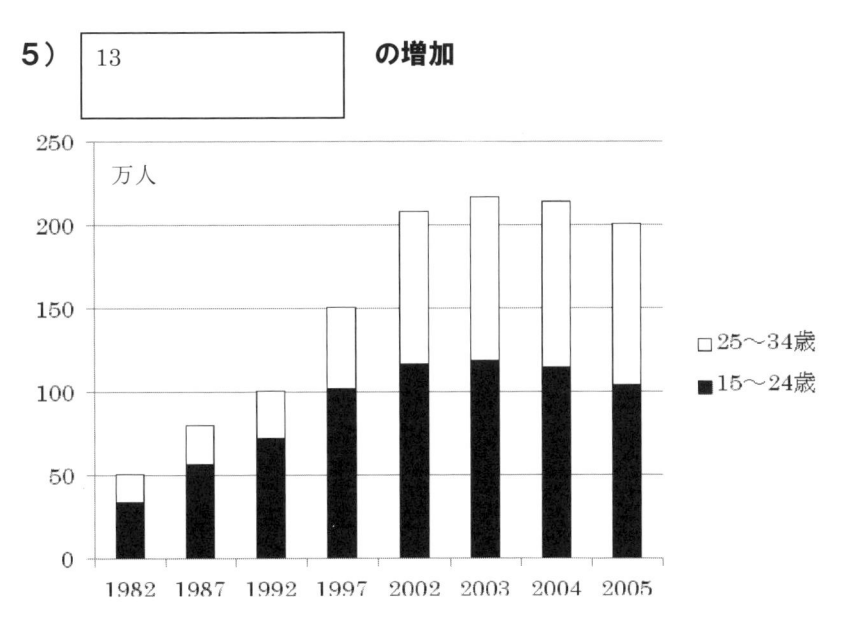

5） 13 の増加

資料出所　1982年、87年、92年、97年については「平成17年度版　労働経済の分析」より転記。2002年以降については、総務省統計局「労働力調査（詳細結果）」。
（注）1) 1982年、87年、92年、97年については、フリーターを、年齢は15～34歳と限定し、①現在就業している者については勤め先における呼称が「パート」又は「アルバイト」である雇用者で、男性については継続就業年数が1～5年未満の者、女性については未婚で仕事を主にしている者とし、②現在無業の者については家事も通学もしておらず「パート・アルバイト」の仕事を希望する者と定義し、集計している。
2) 2002年から2005年については、フリーターを15～34歳で、男性は卒業者、女性は卒業者で未婚の者とし、①雇用者のうち勤め先における呼称が「パート」又は「アルバイト」である者、②完全失業者のうち探している仕事の形態が「パート・アルバイト」の者、③非労働力人口のうち希望する仕事の形態が「パート・アルバイト」で、家事も通学も就業内定もしていない「その他」の者としている。
3) 1982年から97年までの数値と2002年から2005年までの数値とでは、フリーターの定義等が異なることから接続しない点に留意する必要がある。

図9-2　フリーター数の推移（労働経済の分析平成18年度版より作成）

なぜフリーターが増加したのだろうか。

　企業の雇用戦略によって、[　14　]が増大した（図9-2, 図9-3）ことが背景にある。

＊非正規雇用とは：雇用の期間が決まっており、正社員よりも労働時間が短い雇用形態。1990年代の不況で、国際的な企業間競争を勝ち抜き、大幅な利益を見込むために、1995年に人件費削減の提言（主力正社員以外は派遣や請負による非正規でまかなおう）という提言がなされた。

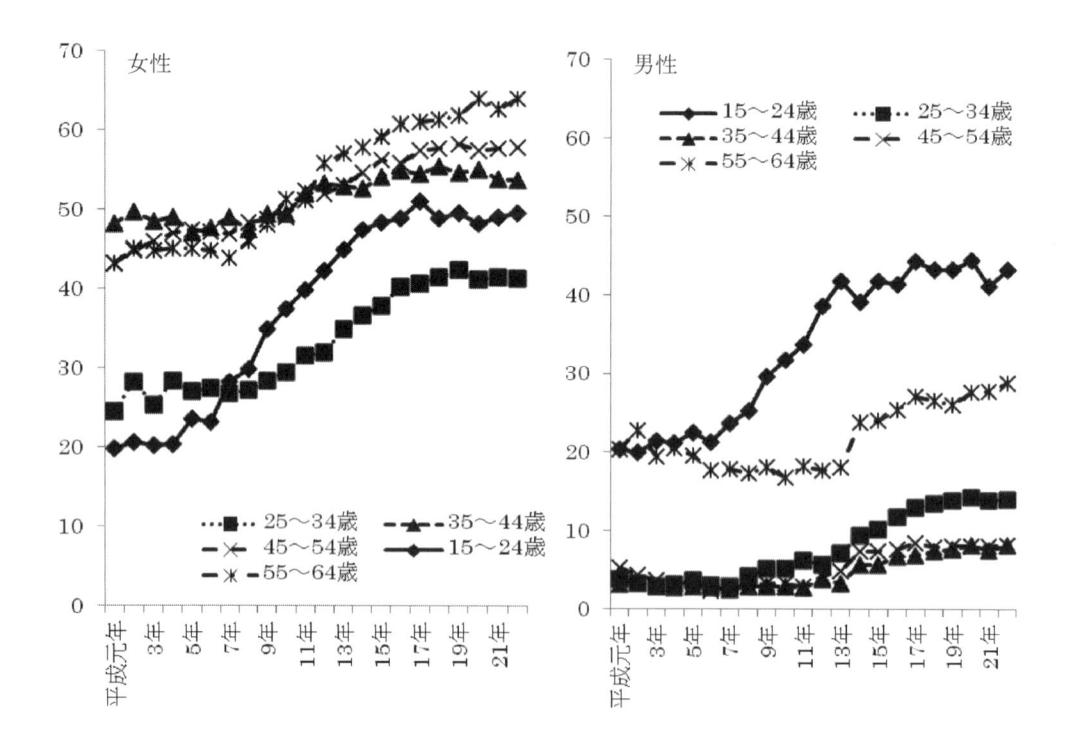

（備考）1. 総務省「労働力調査」より作成。2. 非正規雇用比率＝（非正規の職員・従業員）／（正規の職員・従業員＋非正規の職員・従業員）×100。3. 2001（平成13）年以前は「労働力調査特別調査」の各年2月の数値，2002（平成14）年以降は「労働力調査詳細集計」の各年平均の数値により作成。「労働力調査特別調査」と「労働力調査詳細集計」とでは，調査方法，調査月などが相違することから，時系列比較には注意を要する。

図9-3　男女別・年齢階級別非正規雇用比率の推移（男女共同参画白書平成23年度版より作成）

青年が、自分の意志で非正規雇用の道を選び、様々な職業を経験する中で自分の適性にあった道を選ぼうとする場合には、「いろいろな経験をすることができた」など、肯定的な意見もみられる。しかし、経済的自立であるとか、専門分野を確立するという問題、よい先輩や友人をもつなど人付き合いなどの問題については、難しい問題をはらんでいる。

6）フリーターとはどのような人たちか

　フリーターという言葉のイメージから「腰を据えて責任を持って働く気のない人たち」という偏見を持たれることがある。

　しかし、青年自身の課題だけでなく、社会の問題も込みにして、考えていく必要がある（表9-1）。

表9-1　フリーターとなった理由による類型

類型	概要	割合
1. モラトリアム型		
(1)離学モラトリアム型	職業や将来に対する見通しを持たずに教育機関を中退・修了し、フリーターとなったタイプ	男性の4割 女性の4割
(2)離職モラトリアム型	離職時に当初の見通しがはっきりしないままフリーターとなったタイプ	
2. 夢追求型		
(3)芸能志向型	バンドや演劇、俳優など、芸能関係を志向してフリーターとなったタイプ	男性の2割 女性の3割
(4)職人・フリーランス志向型	ケーキ職人、バーテンダー、脚本家など、自分の技能・技術で身を立てる職業を志向してフリーターとなったタイプ	
3. やむを得ず型		
(5)正規雇用志向型	正規雇用を志向しつつフリーターとなったタイプ、特定の職業に参入機会を待っていたタイプ、および比較的正社員に近い派遣を選んだタイプ	
(6)期間限定型	学費稼ぎのため、または次の入学時期や就職時期までといった期間限定の見通しをもってフリーターとなったタイプ	男性の4割 女性の3割
(7)プライベート・トラブル型	本人や家族の病気、事業の倒産、異性関係などのトラブルが契機となってフリーターとなったタイプ	

●社会の要因が大きいタイプ
　3　やむを得ず型

●青年自身の課題が大きいタイプ
　1　モラトリアム型
　2　夢追求型

> モラトリアム型は、自分にあった仕事をみつけたいという強い夢がある反面、「やりたくないことはしたくない」？
> 夢追求型は、現実と遊離している可能性も？

未熟な職業観が背景にある。

（日本労働研究機構，2000より改変して作成）

もちろん、モラトリアム型や夢追求型の青年たちが、時間をかけて、自分のやりたいことを見出し、夢を実現する場合もあるが・・・

　青年期には、次のような元型に支配されることも多い。

◆ | 15　　　　　　　　　　　　　　| puer aeternus

自分の中の、いかなる可能性も断念できずに、何に対しても打ち込むことができない。
常に「仮の人生」を生きることになってしまう。
「これは本当に自分にあった仕事ではない」「いつかふさわしい女性が現れる」のように、「いつか～する」と思い続ける。

> **永遠の少年**は、誰の心の中にも存在する。
> **創造的エネルギーの源**、生きるきらめき、純真な子ども心、という肯定的側面をもっているため、うまく使えることが大切！

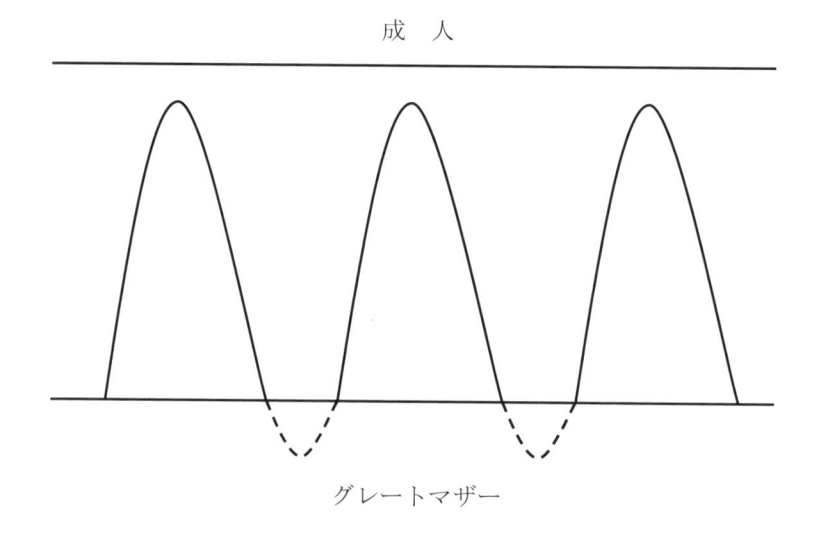

成　人

グレートマザー

図 9-4　「永遠の少年」のパターン（河合，1997）

> 　就職難を背景に、どんな仕事をしたいかよりも、就職できるかできないかで頭を悩ませる青年、就職が決まらず、就職活動と学業生活のバランスがうまく保てない青年が最近みられる。
> 　また、大学院進学という形で就職を先延ばしにするパターンも増えている。
> 　世の中の動きを見極めながら、翻弄されるよりも、じっくり迷い、悩んでほしい。

コラム12　ワーク・ライフ・バランスという言葉を知っていますか？

　雇用情勢の変化、共働き率の増加など、時代の変化によって、私たちの働き方は大きく変わりつつあります。仕事、家事・育児、近隣とのつきあいなど、どのような人生を送り、どのような配分で生活を営むか、個人で選択できる時代になっています。しかし一方で、安定した仕事に就けない、仕事に追われて健康を害する、仕事と子育てや老親の介護との両立に悩むなど、仕事と生活の間で問題を抱えることも多く見られます。

　下の図をみてみましょう。女性は、「仕事」と「家庭生活」をともに重視したいにもかかわらず「家庭生活」の比重が大きい、男性は、「仕事」だけではなく「家庭生活」や「地域・個人の生活」も重視したいにもかかわらず「仕事」中心であるなど、希望と現実にズレが生じていることがわかります。

　平成19年に「仕事と生活の調和（ワーク・ライフ・バランス）憲章」が策定されました。憲章の中では、「国民一人ひとりがやりがいや充実感を抱きながら働き、仕事上の責任を果たすとともに、家庭や地域生活などにおいても、子育て期、中高年期といった人生の各段階に応じて多様な生き方が選択・実現できる社会」が謳われています。みなさんも、将来の自分の仕事と生活の調和のあり方をイメージしてみませんか？

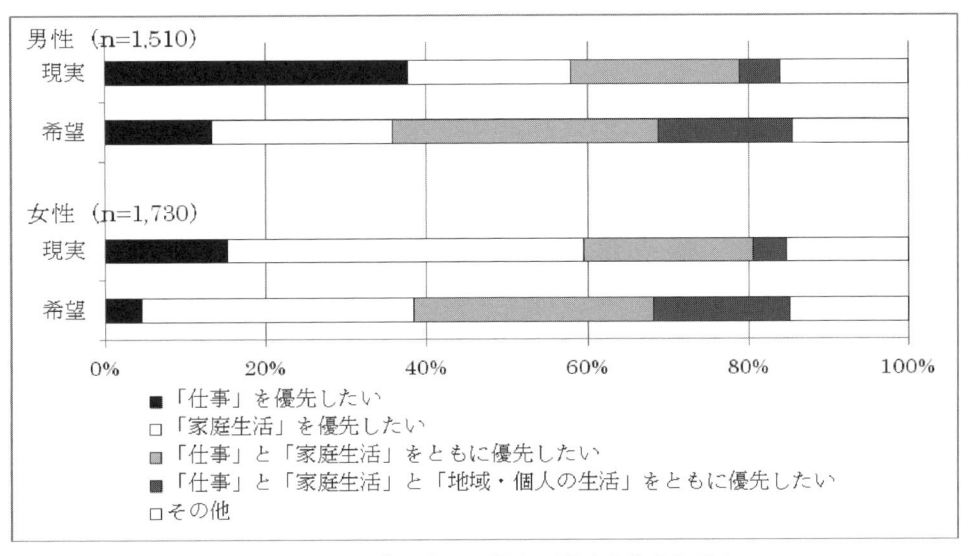

図 9-5　仕事と生活の調和に関する希望と現実

内閣府『男女共同参画社会に関する世論調査（平成21年10月）』より改変して作成
資料出典：男女共同参画社会に関する世論調査（平成21年10月）
http://www8.cao.go.jp/survey/h21/h21-danjo/index.html

≪参考文献≫

男女共同参画白書平成 23 年度版： http://www.gender.go.jp/whitepaper/h23/zentai/top.html
城繁幸（2006）：若者はなぜ 3 年で辞めるのか？年功序列が奪う日本の未来．光文社新書．
河合隼雄（1997）：母性社会日本の病理．中公叢書．
小杉礼子（2000）：フリーターのキャリア形成・職業能力形成．日本労働研究機構調査研究報告書
　　「フリーターの意識と実態」，59-69．
厚生労働省「新規学卒就職者の在職期間別離職率の推移」：
　　http://www.mhlw.go.jp/topics/2010/01/tp0127-2/dl/data_1.pdf
内閣府「男女共同参画社会に関する世論調査（平成 21 年 10 月）」：
　　http://www8.cao.go.jp/survey/h21/h21-danjo/index.html
労働経済の分析平成 18 年度版：http://www.mhlw.go.jp/wp/hakusyo/roudou/06/dl/01-01.pdf
斉藤環（2007）：『若者』を育てることの困難．高石恭子編「育てることの困難」甲南大学人間科
　　学研究所叢書．
寿山泰二他（2009）：大学生のためのキャリアガイドブック．北大路書房．
山田昌弘（1999）：パラサイト・シングルの時代．ちくま新書
湯浅誠（2008）：反貧困―「すべり台社会」からの脱出．岩波新書．

あとがき

　本テキストは、大学および専門学校における一般教養の青年心理学に関する講義で使用することを主な目的として作られています。

　心理学を専攻していない学生たちにも役立つ形で、できるだけわかりやすく、心理学という考え方を提供したいという著者の願いから、文章による説明は最小限にとどめてあります。講義で使用される際は、自由にアレンジしてご活用ください。

　構成に関しては、第1章で思春期・青年期に関する概説をし、第2章で思春期の前段階としての前青年期を扱っています。第3章以降、思春期・青年期についてトピックごとに扱っており、いずれも、青年心理学および発達心理学の考え方を用いて自分を振り返り返ることができるよう、組み立てられています。既刊書である『授業で使える心理学ワークブック』と内容が重なっている箇所もありますが、本テキストでは思春期・青年期に焦点を当ててあります。両方のテキストを併用していただくと、より理解を深めていただけると思います。半期の講義を想定したテキストではありますが、オムニバス形式で使用される際には、必要に応じて章をピックアップするなどしてご活用ください。

　内容をわかりやすく伝えることを大切にしたことにより、書き込みきれていない部分や、疑問に思われる点が生じてくる可能性があります。心理学の概念のうち、批判がなされていたり、他の考え方が提起されているものについても、簡易化された記載によって、細かい微妙な歴史的経緯が伝わっていない部分があると考えられます。こうした部分については、今後も検討していきたいと考えております。

　本テキストの作成にあたって、数年間かけてなかなか出版にこぎつけるのが難しかったにもかかわらず、根気よく丁寧にお付き合いくださいました、北樹出版の古屋幾子さんに心より御礼申し上げます。

2013年3月　　安立奈歩・河野伸子・大谷真弓

《著者略歴》

安立　奈歩（あだち　なほ）
2002 年　京都大学教育学研究科博士後期課程研究指導認定。
京都大学博士（教育学）。臨床心理士。
現在、椙山女学園大学人間関係学部准教授。
臨床心理学専攻。
業績
「京大心理療法シリーズ2　心理療法と医学の接点」（共著、創元社）
「児童精神医学の基礎」（共訳、金剛出版）

河野　伸子（かわの　のぶこ）
2004 年　京都大学教育学研究科博士後期課程研究指導認定。
京都大学修士（教育学）。臨床心理士。
現在、大分大学福祉健康科学部准教授。
発達心理学、臨床心理学専攻。
業績
「京大心理療法シリーズ7　「発達障害」と心理臨床」（共著、創元社）
「教育臨床の実際－学校で行う心と発達へのトータルサポート」（共著、ナカニシヤ出版）

大谷　真弓（おおたに　まゆみ）
2002 年　京都大学教育学研究科博士後期課程研究指導認定。
京都大学修士（教育学）。臨床心理士。
現在、大阪工業大学工学部総合人間学系教室准教授。
臨床心理学専攻。
業績
「京大心理療法シリーズ6　心理臨床における臨床イメージ体験」（共著、創元社）
「現代のエスプリ 505 号　風景構成法の臨床」（共著、至文堂）

授業で使える青年心理学ワークブック
―青年期の心理をより深く理解するために―

2013 年 4 月 15 日　初版第 1 刷発行
2023 年 3 月 30 日　初版第 5 刷発行

著　者　安立奈歩
　　　　河野伸子
　　　　大谷真弓

発行者　木村慎也

・定価はカバーに表示　　印刷　三光デジプロ／製本　川島製本所

発行所　株式会社 北樹出版
〒153-0061　東京都目黒区中目黒 1-2-6
TEL(03)3715-1525(代表)　　FAX(03)5720-1488

© Naho Adachi, Nobuko Kawano, Mayumi Ōtani 2013, Printed in Japan
ISBN 978-4-7793-0368-5

（乱丁・落丁の場合はお取り替えします）